Histórias para guiar a sua jornada

Ilan Brenman

Histórias para guiar a sua jornada

VESTÍGIO

Copyright © 2025 Ilan Brenman
Copyright desta edição © 2025 Editora Vestígio

Todos os direitos reservados pela Editora Vestígio. Nenhuma parte desta publicação poderá ser reproduzida, seja por meios mecânicos, eletrônicos, seja via cópia xerográfica, sem a autorização prévia da Editora.

DIREÇÃO EDITORIAL
Arnaud Vin

CAPA
Diogo Droschi

EDIÇÃO E PREPARAÇÃO DE TEXTO
Bia Nunes de Sousa

DIAGRAMAÇÃO
Waldênia Alvarenga

REVISÃO
Fernanda Marão
Claudia Vilas Gomes

Dados Internacionais de Catalogação na Publicação (CIP)
Câmara Brasileira do Livro, SP, Brasil

Brenman, Ilan
    Histórias para guiar a sua jornada / Ilan Brenman. -- 1. ed. -- São Paulo : Vestígio Editora, 2025.

    ISBN 978-65-6002-111-2

    1. Autoajuda 2. Autoestima 3. Desenvolvimento pessoal 4. Empatia 5. Narrativas 6. Reflexões 7. Sabedoria I. Título.

25-268149   CDD-158.1

Índices para catálogo sistemático:
1. Autoestima : Psicologia aplicada 158.1

Eliane de Freitas Leite - Bibliotecária - CRB 8/8415

A **VESTÍGIO** É UMA EDITORA DO **GRUPO AUTÊNTICA**

São Paulo
Av. Paulista, 2.073 . Conjunto Nacional
Horsa I . Salas 404-406 . Bela Vista
01311-940 . São Paulo . SP
Tel.: (55 11) 3034 4468

Belo Horizonte
Rua Carlos Turner, 420
Silveira . 31140-520
Belo Horizonte . MG
Tel.: (55 31) 3465 4500

www.editoravestigio.com.br
SAC: atendimentoleitor@grupoautentica.com.br

Para todos aqueles que sabem
que toda história, mesmo inventada,
carrega uma verdade.

*A capacidade de narrar histórias é
o que nos torna humanos.*
Will Storr

11 Introdução

17 *Capítulo 1* | O mundo é justo ou injusto?

39 *Capítulo 2* | E quando o fim chegar?

71 *Capítulo 3* | Bem-aventurados os bem-humorados

101 *Capítulo 4* | A fé que move montanhas

129 *Capítulo 5* | Você é corajoso?

163 *Capítulo 6* | Você é feliz?

203 *Capítulo 7* | Sabedoria, virtude rara

231 Agradecimentos

Introdução

Você tem em mãos um tesouro milenar incomensurável: histórias de diversas épocas e cantos do mundo que pesquisei profundamente em centenas de livros, além de tê-las ouvido diretamente da boca de exímios contadores de histórias, tanto no Brasil quanto em outras partes do mundo. Passei décadas reunindo essas narrativas e, agora, as conto para você à minha maneira, como sempre fizeram os antigos. Afinal, quem conta um conto aumenta um ponto. Mas por que contar, ouvir e se deixar transformar pelas histórias em pleno século XXI?

As histórias revelam o que muitas vezes não pode ser dito de outra forma. A verdade nua e crua é, por vezes, insuportável, e por isso recorremos à ficção, às histórias, para falar sobre as verdades universais. A verdade vestida de narrativa pode se aproximar mais dos seres humanos, a deixamos entrar em nossa vida e sem nem perceber lá está ela nos ensinando e fascinando. Não é à toa que os maiores líderes espirituais de todos os tempos contavam histórias. Jesus de Nazaré, por exemplo, transformou doze simples pescadores em apóstolos através de parábolas. E, falando da Bíblia, o rei Salomão teria dito que a parábola é tão poderosa que, como uma pequena vela, pode iluminar uma enorme caverna escura. Histórias iluminam a nossa vida! Buda, Maomé, Gandhi – todos contavam histórias. Grandes líderes militares, políticos e empresariais também: Napoleão, Martin Luther King, Steve Jobs… As histórias movem o mundo!

As histórias podem mudar de roupagem, mas estão sempre ao nosso redor. Por que você acha que os streamings fazem tanto sucesso? E os videogames, que são formatados como narrativas? E as letras de músicas? E as fofocas? Você gosta de ouvir ou contar uma? Se disser que não, não sei se acredito. É como a minha mãe. Ela é a pessoa menos fofoqueira que conheço na vida, nunca, mas nunca mesmo, me contou qualquer fofoca, sendo uma excelente confidente. Mas quando quero contar uma fofoca para ela, por mais que ela peça para não o fazer, quando começo, ela presta uma atenção danada. Segundo grandes estudiosos da cultura humana, as fofocas moldaram o mundo, promovendo a aproximação e a cooperação essenciais para a sobrevivência dos grupos. Unidos venceremos.

Em épocas sem terapeutas, psiquiatras, neurolinguistas, Lexotan, Rivotril e Prozac, a narrativa ficcional era o mais potente remédio para a alma, o autoconhecimento e a compreensão da dinâmica social e particular. A história é um grande espelho do nosso mundo interior, e assim continua sendo. Um dos maiores exemplos dessa potência narrativa está no famoso livro *As mil e uma noites*, em que um sultão psicopata resolve casar todas as noites com uma jovem virgem e depois a matar. Ele é curado por uma das mais célebres contadoras de histórias de todos os tempos: Sherazade. O método dela para salvar o próprio pescoço e o das outras jovens era começar a contar uma história à noite e não a terminar. O sultão ficava curioso e esperava a noite seguinte para ouvir a continuação, como eu esperei por anos pelas novas temporadas de *Game of Thrones*. Assim foram se passando as noites, e o sultão acabou se curando e se casando com sua narradora preferida.

O encontro do ser humano com as histórias deve começar o quanto antes e continuar até o seu último suspiro. Câmara Cascudo, o mais conhecido folclorista brasileiro, chamava essas histórias para a infância de "leite simbólico", pois elas alimentam a infância de forma única e marcante. Sem dúvida nenhuma: histórias alimentam! Histórias nos despertam para um mundo desconhecido de emoções e reflexões.

Uma ferramenta tão robusta como a história, que sobreviveu a guerras, cataclismas, perseguições políticas e religiosas, é essencial nos dias atuais, em que a fragilidade humana nunca foi tão evidente. As redes sociais vêm fragmentando as narrativas: elas não têm mais começo, meio e fim. É por isso que ficamos horas diante das telas, rolando sem parar e perdendo tempo sem nada fixar em nosso coração e mente. Está cientificamente comprovado que o cérebro humano precisa de narrativas com começo, meio e fim! A história fortalece a mente, orienta, guia, aconselha, costura emoções despedaçadas, nomeia sentimentos obscuros, proporciona um prazer intenso e duradouro, ancora nossa existência, enfim, dá sentido à nossa vida.

Um conselho para você, leitor, independentemente de quem seja: professor, empresário, balconista, médico, jardineiro, bombeiro, pai, mãe, avó… As histórias são inesquecíveis. Se você as contar para as pessoas, elas provavelmente nunca mais vão lhe esquecer. Por isso elas são um tesouro! Elas criam memórias positivas!

Como disse anteriormente, estas histórias vêm de tradições milenares, quase todas de autores anônimos, histórias construídas coletivamente e que se misturam com outras narrativas e culturas. O que me fascinou nesses anos de pesquisa e narração de histórias de diferentes épocas e lugares foi a similaridade entre algumas histórias de culturas distantes. Uma história narrada na Turquia pode se assemelhar a outra narrada no Japão. E o curioso é que cada país ou região jura de pé junto que a narrativa nasceu em seu quintal. Isso diz muito sobre a força da história: ela pertence tanto a quem a conta quanto a quem a ouve. Elas são parecidas em todos os cantos porque somos mais parecidos do que imaginamos; temos anseios, temores, sonhos e desejos semelhantes, embora sejamos únicos. Uma boa história atua nessa dualidade.

Passei anos contando histórias em vários cantos do Brasil e do mundo: num trem em movimento, em casamentos, em espaços educativos e hospitalares, num estádio de tourada em uma cidade no interior da Colômbia, em sacadas medievais em Tenerife, nas Ilhas Canárias, no meio do Oceano Atlântico. Contei histórias para bebês, crianças em quimioterapia, jovens, adultos de todas as profissões, desde altos executivos até pescadores artesanais. Todos esses momentos foram de intenso impacto, gerando um silêncio profundo, risadas, lágrimas e expressões de "Eureka!". A proposta deste livro é tentar ao máximo passar essa vibração da oralidade para que você leia como se eu estivesse sussurrando a narrativa para você, querido leitor.

As histórias são tão incríveis e surpreendentes que se escondem em todo lugar, não apenas nos livros e na boca das pessoas. As palavras têm histórias; a etimologia, que estuda as origens das palavras, revela o verdadeiro sentido de cada uma. Até o seu nome tem uma história. Você sabe o significado do seu nome? Sabe por que ele foi escolhido?

Voltando à Bíblia, uma fonte imensa de narrativas, os nomes que lá se encontram têm histórias lindas e curiosas por trás. Por exemplo, Abraão significa em hebraico "pai dos povos", e assim ele foi. Sara, sua mulher, significa "princesa". Sara, já com mais de 90 anos, descobre que irá engravidar e ri muito ao ouvir essa "fofoca". E, como sabemos, ela engravidou. O nome do filho, Isaac, significa "aquele que riu". Bonito, não é? Mas não acabou. Isaac se casa com Rebeca, "aquela que une, que prende". Ela engravida de gêmeos, e reza a lenda que houve uma briga, um MMA entre os irmãos para ver quem nasceria primeiro para garantir a primogenitura e seus benefícios. O gêmeo mais forte começou a sair da barriga da mãe e ele era todo peludo, estilo Tony Ramos de ser. O nome dele, lembra qual é? Esaú, cujo significado é "peludo" – esse significado foi pouco criativo. O outro gêmeo, vendo sua primogenitura indo para o beleléu, agarrou o calcanhar do Esaú para ver se dava uma "chave de perna", mas não adiantou, ele era mais fraco e veio ao mundo agarrado ao calcanhar do irmão. Qual o nome dele? Jacó, cujo significado é "aquele que segura o calcanhar". Vou parar por aqui senão a empolgação toma conta e são milhares de nomes. Para os curiosos é só pesquisar.

Ao escrever este livro, decidi separar as histórias em temas universais que estão sempre presentes em nossa vida e estarão na vida de nossos filhos, netos, bisnetos…

Boas histórias, boas reflexões e, principalmente, uma boa vida para todos.

Capítulo 1

O mundo é justo ou injusto?

Na maioria dos tribunais, um homem
é considerado culpado até que se prove influente.
Laurence J. Peter, educador canadense

Nunca vou me esquecer de quando um professor de teologia contou sobre o julgamento de um dos homens mais sábios que já pisaram na Terra: Sócrates. Não confunda com o doutor corintiano que encantou multidões de torcedores nos anos 1980. (Aliás, tive o privilégio de conhecê-lo rapidamente na minha infância. Ele também carregava um ar de sabedoria. Mas estou divagando. Voltemos ao filósofo grego.)

Sócrates nasceu há mais de 2.500 anos, em Atenas, e lá revolucionou a forma de o pensamento ocidental encarar o mundo, tanto exterior quanto interior. Ele tinha uma habilidade única: provocava as pessoas ao seu redor a questionarem as próprias verdades. Sua principal ferramenta? Perguntas!

A palavra "perguntar" vem do latim *percontari*, formada por duas partes: "*per*", um prefixo que remete a movimento, e "*contus*", substantivo originalmente usado para designar uma vara usada para medir profundidade, mas que aqui é usado em sentido figurado, simbolizando busca ou sondagem.

Ou seja, o ato de perguntar carrega em si o sentido de explorar, de investigar algo em profundidade. E era exatamente isso que Sócrates fazia com suas perguntas: obrigava as pessoas a refletirem profundamente sobre a vida. Nunca parem de perguntar! São as perguntas, não as respostas, que movem o mundo.

Mas as perguntas podem ser perigosas, especialmente quando dirigidas a quem detém o poder. Sim, sempre existiram donos do poder, e eles nunca gostaram de ser questionados. Em Atenas não seria diferente. Por isso, um grupo influente decidiu acusar Sócrates de corromper os jovens e desafiar os deuses. Foi uma acusação injusta; e o julgamento, uma farsa. Condenado à morte, Sócrates foi obrigado a tomar cicuta. Ele poderia ter fugido, mas preferiu aceitar a sentença, acreditando que sua morte serviria de aprendizado sobre o que é justo e injusto. Essa história está registrada no diálogo *Fédon*, de Platão, e até hoje ecoa como um poderoso símbolo do confronto entre a liberdade de pensar e os limites impostos pelo poder.

O tema da justiça e da injustiça atravessa milhares de narrativas ao redor do mundo. E há muitas histórias fascinantes sobre isso que quero compartilhar com você. Prepare-se para boas reflexões!

O sábio e o juiz

Esta história circulou pela Idade Média, mas, ao lê-la, talvez você perceba algo de familiar em certos aspectos. Prepare-se.

Um terrível assassinato abalou uma cidade importante. O povo estava revoltado, exigindo que os culpados fossem capturados, julgados e condenados. No entanto, havia um detalhe que muitos conheciam (e outros preferiam fingir que não): o verdadeiro responsável pelo crime era o homem mais rico e poderoso da cidade.

A pressão popular era enorme. Para acalmar os ânimos, os poderosos decidiram encontrar um bode expiatório. Escolheram um homem pobre, sem família, que por azar estava próximo à cena do crime no momento errado. Ele foi preso e aguardava um julgamento que já tinha resultado definido: culpado.

Quando o dia chegou, o tribunal estava lotado. Pessoas de pé, outras espremidas na porta e até do lado de fora. O juiz, um grande amigo do homem rico e verdadeiro culpado, sabia que precisava encerrar o caso rapidamente.

Com um sorriso de falsa virtude, ele declarou:

– Sou um homem temente a Deus e, por isso, deixarei o veredicto nas mãos do Senhor.

O acusado, um homem simples, mas de sabedoria impressionante, nada disse. Apenas reafirmava com calma:

– Sou inocente.

O juiz, então, teve uma ideia "brilhante". Pegou dois pedaços de papel e disse:

– Escreverei em um deles "inocente" e no outro "culpado". Você escolherá um, e seu destino será decidido pelas mãos dos homens e de Deus.

O tribunal murmurava: "Que decisão justa!".

Sem que ninguém percebesse, o juiz escreveu CULPADO nos dois papéis, dobrando-os com cuidado. Com um ar triunfante, estendeu os papéis ao homem e disse:

– Seu futuro está literalmente nas suas mãos. Escolha.

O homem pobre encarou o juiz e, naquele momento, viu tudo: sua alma, seu caráter, suas intenções. Com um sorriso tranquilo, pegou um dos papéis e, sem hesitar, colocou-o na boca e engoliu. O tribunal ficou em choque.

– O que você está fazendo? – perguntou o juiz, atônito.

O homem deu de ombros e respondeu:

– Fiz minha escolha.

O juiz ficou sem reação.

– E agora? Como vamos saber o veredito?

O acusado respondeu calmamente, com um brilho de malícia nos olhos:

– Simples. Abrimos o papel que sobrou. Assim saberemos o que estava escrito no que engoli.

O tribunal explodiu em murmúrios. Logo, a multidão começou a gritar:

– Abre! Abre! Abre!

Sem saída, o juiz, suando frio, desdobrou o papel que restava. Lá estava a palavra CULPADO.

– Então – declarou o homem com voz firme –, segundo o julgamento divino, sou inocente.

O povo aplaudiu e gritou em apoio. O juiz, constrangido e com medo de uma revolta, ordenou que o homem fosse solto imediatamente.

O pobre homem, sábio como era, não perdeu tempo. Correu dali o mais rápido que pôde, murmurando para si mesmo:

– Sorte assim só bate na porta uma vez.

E quanto ao homem rico? Bem, dizem que, com o tempo, a verdade veio à tona. Ele foi preso, julgado e condenado, mas, graças às suas conexões e "bom comportamento", passou apenas uma temporada em prisão domiciliar, bem à vontade.

> *Às vezes, inteligência vale mais do que força ou condição social. Então, fica a dica: se a sorte lhe sorrir, engula o papel e siga em frente.*

A mulher do advogado

Uma antiga história polonesa conta sobre uma mulher casada com um advogado famoso, conhecido por sua brilhante defesa da justiça e, acima de tudo, por sua honestidade.

Certa manhã, a casa estava em alvoroço. A mulher irrompeu pela cozinha, apontando o dedo para a criada.

– Foi você! Tenho certeza de que foi você quem roubou a minha joia!

A criada, tremendo, tentou se defender:

– Senhora, eu juro! Nunca roubei nada na vida, muito menos algo da senhora.

Mas a patroa, indignada, não queria ouvir explicações. Pegou a criada pelo braço e a puxou com firmeza:

– Vamos agora mesmo à delegacia! Quero resolver isso já!

Enquanto se dirigia à porta, ela percebeu que seu marido estava colocando o paletó e ajeitando a gravata.

– O que você está fazendo? – perguntou, impaciente.

Ele respondeu com firmeza e serenidade:

– Estou indo à delegacia com vocês.

A mulher parou e o encarou, surpresa.

– Mas não precisa! Sei muito bem como me defender dessa ladra sozinha.

O advogado deu um leve sorriso e respondeu:

– Não duvido disso, querida. Tenho certeza de que você pode se defender perfeitamente. – Fez uma pausa e olhou para a criada, que estava com os olhos marejados. – Mas... e ela? Quem a defenderá?

A esposa ficou em silêncio, as palavras do marido ecoando em sua mente. Pela primeira vez, ela olhou para a criada com outros olhos. Não com raiva, mas com um questionamento profundo: e se estivesse errada?

> *Quem busca justiça para si deveria garantir a justiça para todos.*

O livro de cabeceira de Napoleão

Esta história é narrada por Calila, um dos sábios chacais do clássico *Calila e Dimna*, uma obra repleta de ensinamentos que atravessou séculos e culturas. Dizem que até Napoleão leu essas histórias enquanto estava exilado em Santa Helena. Alguns brincam que, se as tivesse lido antes, talvez tivesse evitado o exílio, pois o livro é um verdadeiro manual de sobrevivência política, profissional e individual.

Calila conta:

Em uma cidade do interior da Pérsia, havia um comerciante que decidiu vender sua casa e partir em uma longa viagem em busca de novas oportunidades. Antes de partir, porém, procurou seu melhor amigo para pedir um favor.

– Amigo, preciso de sua ajuda. Não vou conseguir levar comigo estas dez barras de cobre. Poderia guardá-las para mim até eu voltar?

O amigo respondeu de imediato, com um sorriso:

– Claro! Vá tranquilo, cuide dos seus negócios. Suas barras estarão aqui quando você retornar.

Os dois se abraçaram, e o comerciante partiu, confiante.

Passado um ano, o comerciante retornou à cidade. Tinha feito bons negócios e estava pronto para recomeçar a vida. Na primeira oportunidade, foi à casa do amigo para recuperar suas barras de cobre.

O amigo o recebeu calorosamente, serviu-lhe um prato de comida e os dois conversaram por um bom tempo. Finalmente, o comerciante perguntou pelas barras. O amigo, com uma expressão séria, respondeu:

– Ah, meu amigo, aconteceu uma tragédia. Deixei suas barras num canto da casa, e alguns ratos as comeram.

O comerciante ficou em silêncio por um momento. Ele sabia que era mentira, mas manteve a calma. Com um ligeiro sorriso, disse:

– Bem, todos sabemos que ratos podem ser muito vorazes. O importante é que você e sua família estão bem.

O amigo, aliviado, achou que tinha escapado. O comerciante se despediu cordialmente e, ao sair da casa, viu o filho do amigo brincando no quintal. Sem que ninguém percebesse, levou a criança consigo e a escondeu na hospedaria onde estava alojado.

No dia seguinte, a cidade inteira estava em alvoroço. O pai, desesperado, corria de um lado para o outro, perguntando a todos se tinham visto seu filho. Quando encontrou o comerciante, indagou, aflito:

– Você viu meu filho? Está desaparecido desde ontem!

O comerciante respondeu:

– Sim, eu o vi. Não faz muito tempo, avistei um gavião voando com uma criança em suas garras. Imaginei que fosse o seu filho.

O homem, chocado, gritou:

– Impossível! Nunca ouvi falar de um gavião com força suficiente para carregar uma criança de 10 anos!

O comerciante, então, respondeu com um sorriso:

– E eu também nunca tinha ouvido falar de ratos que comem dez barras de cobre.

O amigo entendeu a mensagem. Seus olhos se encheram de lágrimas, e ele começou a implorar:

– Perdoe-me! Eu menti. Vendi suas barras e perdi o dinheiro. Prometo devolver tudo!

O comerciante, feliz com a resposta, foi pegar a criança e a entregou ao amigo da onça. Poucos dias depois, o comerciante recebeu o valor das barras de cobre.

A mentira pode trazer alívio momentâneo, mas a verdade sempre encontrará uma forma de vir à tona.

Às vezes é melhor ficar em silêncio

Existe um personagem muito famoso na mitologia grega chamado Midas, o rei com o dom peculiar de transformar em ouro tudo o que tocava. Pois bem, o que poucos conhecem é o que aconteceu depois que Midas descobriu que essa dádiva era, na verdade, uma grande maldição.

No começo, ele ficou maravilhado. Transformava tudo em ouro: cadeiras, taças, tecidos... Era uma riqueza sem fim! Só que a alegria não durou muito. Quando tentou comer, percebeu que qualquer alimento sólido ou líquido que tocava também virava ouro. Ou seja, de nada adiantava ser o homem mais rico da Terra se não podia abocanhar uma simples fatia de pão.

Desesperado e faminto, Midas decidiu abandonar sua vida de luxo. Saiu do palácio para viver como um ermitão. Um ermitão nobre, é claro, pois levou consigo um empregado para ajudá-lo com as tarefas do dia a dia; afinal, ninguém é de ouro, *ops*, de ferro.

Os dois vagavam por campos e montanhas, vivendo de coisas simples, enquanto Midas tentava encontrar paz longe das riquezas. Até que, um dia, ao atravessar as montanhas do Tmolo, Midas ouviu uma melodia hipnotizante. Era tão bela que se deixou levar pelo som.

Curioso, ele se aproximou e encontrou uma cena extraordinária: um grupo de ninfas, mortais e até deuses estavam reunidos, todos atentos a Pã, o deus com cascos de bode, que tocava sua famosa flauta, a siringe. A música era encantadora, mágica.

– O que está acontecendo aqui? – perguntou Midas a um mortal ao seu lado.

– É uma competição musical! – respondeu o homem, empolgado. – Pã já está se apresentando e logo será a vez de Apolo, o deus do Sol, das artes e dos pastores, com a sua lira de marfim.

– E quem será o juiz? – questionou Midas, já intrigado.

– O velho deus das montanhas, Tmolo. Ele é justo e sábio.

Midas, fascinado, ficou para assistir. Quando Pã terminou sua canção, foi a vez de Apolo. O deus pegou sua lira, dedilhou as cordas com maestria, e a melodia que emergiu era de uma beleza tão sublime que deixou todos sem palavras. O público estava completamente enfeitiçado.

Quando Apolo terminou, os aplausos foram imediatos. Ninguém tinha dúvidas: era evidente que Apolo havia vencido. O próprio Tmolo, o juiz, declarou solenemente:

– O vencedor é Apolo!

Todos aplaudiram entusiasmados. Todos… menos Midas. Levantou a mão e disse:

– Eu discordo! Quem ganhou foi Pã! Sua música foi muito melhor!

Um silêncio constrangedor tomou conta do lugar. Todos os olhares se voltaram para Midas, que, embora não fosse mais rei, ainda tinha um talento especial para se meter em problemas. Apolo, ofendido com tamanha afronta, se aproximou:

– Ah, é mesmo? Você acha que a música de Pã é melhor do que a minha? Pois bem, se não consegue ouvir a perfeição, então terá orelhas adequadas ao seu gosto!

Antes que Midas pudesse dizer qualquer coisa, Apolo puxou suas orelhas com força. Elas cresceram, alongaram-se e ficaram peludas como as de um burro. Midas gritou de dor enquanto os deuses e ninfas caíam na gargalhada. Humilhado, Midas cobriu a cabeça com um pano e fez seu fiel empregado jurar pelos deuses que jamais contaria a ninguém sobre suas novas orelhas.

Mas vocês sabem como é, algumas pessoas simplesmente não conseguem fechar a matraca. O empregado se segurou por um tempo, mas, atormentado pelo peso da promessa, acabou indo até a margem de um rio. Cavou um buraco na terra, abaixou-se e gritou lá dentro:

– O rei Midas tem orelhas de burro!

Aliviado de colocar para fora o seu segredo, cobriu o buraco e voltou para casa.

O que ele não sabia é que, semanas depois, naquela mesma margem, cresceram juncos. E, sempre que o vento soprava por entre eles, os juncos cantavam:

– O rei Midas tem orelhas de burro!

E foi assim que todos ficaram sabendo do segredo. E agora, meu querido leitor, você também.

*A arrogância pode cegar
nossos julgamentos.*

A bolsa

Em um pequeno vilarejo russo, um homem pobre caminhava pelas ruas estreitas quando, ao dobrar uma esquina, viu algo no chão. Era uma bolsa. Ele a pegou, abriu com cuidado e viu que estava cheia de dinheiro. Eram 500 rublos. Surpreso, contou o dinheiro novamente para ter certeza. Cinquenta, cem, duzentos... sim, 500 rublos!

Ele sabia que o homem mais rico da aldeia havia perdido uma bolsa e anunciado para todos: "Quem a encontrar será recompensado com 50 rublos". Decidido, o homem pobre foi correndo até a casa do rico; os 50 rublos fariam a felicidade de sua família durante o mês todo.

Chegando lá, bateu na porta com força. O homem rico abriu, olhando-o de cima a baixo.

– Achei sua bolsa! – disse o pobre, ofegante, estendendo-a.

O rico rapidamente pegou a bolsa, abriu-a e começou a contar o dinheiro. Seus olhos estreitaram.

– Está faltando 50 rublos! – anunciou, de maneira enérgica.

O pobre ficou atônito.

– O quê? Como assim? Quando encontrei, havia exatamente 500 rublos! Contei duas vezes!

– Então, considere-se pago. Os 50 rublos que estavam faltando são o prêmio pela devolução.

O rico virou-se para fechar a porta, mas o homem pobre, indignado, impediu-o.

– Isso é injusto! Você está me roubando! Vamos ao juiz!

E lá foram os dois até o juiz do vilarejo. Sentados frente a frente, ambos apresentaram suas versões. O juiz, um homem experiente e calmo, ouviu tudo atentamente. Quando o homem rico terminou de falar, o juiz coçou a barba e começou a questionar:

– Então, o senhor diz que havia 550 rublos na sua bolsa?

– Sim, meritíssimo – respondeu o rico, com um leve sorriso.

O juiz virou-se para o homem pobre.

– E você, confirma que, ao encontrar a bolsa, contou 500 rublos?

– Sim, meritíssimo. Contei duas vezes!

O juiz ficou em silêncio por alguns segundos, pensando. Então, olhou para ambos e declarou:

– Isso significa que a bolsa que este homem encontrou não é a mesma bolsa que o senhor perdeu.

– Como assim? – perguntou o rico, confuso.

– Ora, se você perdeu uma bolsa com 550 rublos, e ele encontrou uma com 500, claramente não se trata da mesma bolsa. Logo, esta aqui pertence ao homem que a encontrou – disse o juiz, entregando a bolsa e todo o dinheiro ao homem pobre.

– Mas… – tentou argumentar o rico.

O juiz ergueu a mão para silenciá-lo.

– O senhor pode procurar melhor pela sua bolsa, e

quem sabe alguém a encontre. Quanto a esta, ficará com este homem até que o verdadeiro dono apareça. E se ninguém aparecer... – O juiz fez uma pausa, olhando para o homem pobre. – Entáo ele poderá usar o dinheiro.

O rico saiu bufando, sem palavras, enquanto o homem pobre, agradecido, apertava a bolsa contra o peito. Pela primeira vez em muito tempo, sentiu que a justiça havia sido feita.

A justiça não é perfeita, mas, de vez em quando, funciona.

O empréstimo

Eu tenho uma paixão por etimologia, o estudo da evolução das palavras. Não sou nenhum especialista, mas me considero um curioso profissional. Afinal, já li dezenas de livros sobre o tema nas últimas duas décadas. O mais antigo deles é uma obra escrita por Santo Isidoro de Sevilha, nascido no século VI. Isidoro era conhecido como o pai da etimologia.

A origem das palavras é um território fascinante, repleto de lendas, polêmicas e mistérios. E por que estou falando disso agora? Porque lembrei de algo que sempre me arranca um sorriso: Santo Isidoro associava a palavra *testemunha* à palavra *testículos*. Pois é. Segundo ele, para um depoimento em juízo ser considerado forte, era necessário o apoio de, digamos, duas "partes". Acho que já dá para entender a relação entre as palavras, não? Mas deixemos Isidoro e suas peculiaridades de lado. Tenho uma história perfeita que combina com o tema.

Em uma taberna de um vilarejo tibetano, um grupo de amigos conversava animadamente enquanto bebia *po cha*, o tradicional chá de manteiga de iaque. A bebida, além de nutritiva, aquece o corpo lentamente, uma dádiva no rigoroso inverno daquela região.

No meio da conversa, a porta da taberna se abriu, e entrou um *sannyasin*, um asceta, um buscador da verdade. Vestindo roupas simples e portando apenas um pequeno cajado, ele se sentou ao lado do grupo e pediu um chá.

Um dos amigos no grupo, de repente, suspirou profundamente e desabafou:

— Estou muito preocupado. Faz um tempo que emprestei uma moeda de prata a um conhecido. Já passou da hora de ele me devolver, mas acho que vai tentar me ludibriar porque... bem... fiz uma burrice.

— Que burrice? — perguntou um dos amigos.

— Não tinha nenhuma testemunha quando emprestei a moeda! Tenho certeza de que ele vai negar tudo.

O grupo começou a debater a situação. Todos tinham ideias, mas nenhuma parecia boa o suficiente, até que alguém sugeriu:

— Por que não pedimos ajuda àquele *sannyasin*?

O homem, preocupado, hesitou.

— Vamos deixá-lo em paz. Um homem como ele deve ter preocupações mais importantes.

O asceta, que ouvia tudo com atenção silenciosa, sorriu e se aproximou.

— Não se preocupe. A busca pela justiça também faz parte do meu caminho. Vou ajudá-lo.

Todos na mesa, e na taberna inteira, ficaram atentos. O *sannyasin* ajeitou seu cajado, tomou um gole do chá e falou com serenidade:

— Faça o seguinte: convide esse homem para vir aqui amanhã, junto de todos os seus amigos. Durante a conversa, diga em voz alta: "Amigo, espero que você não se esqueça de me devolver as dez moedas de prata que lhe emprestei há algum tempo".

O homem preocupado franziu a testa:

– Mas emprestei uma moeda só!

O *sannyasin* sorriu novamente:

– Exatamente. Ele responderá, "Mas foi só *uma* moeda de prata!", e então você terá toda a taberna como testemunha do empréstimo. Assim, ele não terá como negar.

A sabedoria do asceta deixou todos de boca aberta. A taberna explodiu em aplausos, e o homem antes preocupado pareceu mais aliviado.

– Obrigado, mestre. Vou seguir o seu conselho!

O *sannyasin* acenou com a cabeça, deu um sorriso discreto e deixou a taberna com a tranquilidade de quem tinha feito a sua parte.

Da próxima vez que alguém lhe pedir um empréstimo, fica a dica.

Parece, mas não é

A cultura chinesa é milenar, e suas contribuições para a humanidade são incontáveis: pólvora, bússola, prensa com blocos de madeira, papel, macarrão... Paro por aqui, porque a lista é grande. Mas a genialidade dos chineses não se limitou a invenções práticas: eles também criaram milhares, talvez milhões, de histórias; narrativas mitológicas, populares, filosóficas que alimentaram mentes e corações por séculos e mais séculos.

E muitas dessas histórias, não tenhamos dúvida, cruzaram continentes, se misturando com outras tradições. É por isso que, mesmo sendo tão antigas, muitas delas parecem incrivelmente atuais. A que vou contar agora é um exemplo disso.

Um homem carregava consigo um saco cheio de *táo*, pêssegos. Na cultura chinesa, essa fruta está associada à longevidade, imortalidade e boa sorte. Segundo antigos mitos, os "pêssegos da imortalidade" cresciam no jardim da deusa Xi Wang Mu e levavam milhares de anos para amadurecer.

Mas voltemos ao nosso homem e seus preciosos pêssegos. Ao chegar em casa, exausto da caminhada, ele deixou o saco com as frutas na porta, do lado de fora, e correu para o banheiro. Depois de algum tempo, lembrou-se do saco e foi buscá-lo. Ao abrir a porta, porém, o saco havia desaparecido!

O coração do homem disparou, e ele olhou ao redor freneticamente. Foi quando avistou o jovem filho do vizinho caminhando de volta para casa. Uma onda de raiva subiu pelo seu corpo. Sua mente começou a fervilhar:

– Foi ele! Tenho certeza! Olha como ele anda, como se estivesse escondendo algo! Sua cara é de ladrão! Seus gestos, de ladrão!

Com o sangue fervendo, estava prestes a correr e acusar o jovem quando ouviu sua esposa chamar de dentro da casa:

– Onde você está? Vou comer esses pêssegos sozinha!

Confuso, ele entrou na casa e encontrou o saco com os pêssegos na cozinha. A esposa explicou:

– Peguei o saco enquanto você estava no banheiro.

O homem parou por um instante, sentindo uma mistura de alívio e vergonha. Ele saiu de novo e olhou para o jovem vizinho, que agora estava sentado em uma cadeira na frente de casa, distraído. O rapaz acenou educadamente, e o homem, constrangido, retribuiu o aceno com um pequeno sorriso.

"Acho que ele não se parece nada com um ladrão", pensou o homem, arrependido por ter julgado o rapaz tão depressa.

Nossa mente tem o poder de transformar suposições em certezas, e isso pode nos levar a cometer grandes injustiças. Antes de julgar alguém, busque a verdade com calma. Nem toda história é o que parece ser à primeira vista.

Capítulo 2

E quando o fim chegar?

Morre-se apenas uma vez, mas por tanto tempo!
Molière, dramaturgo francês

A primeira vez que me lembro de ter tido contato com a finitude foi quando eu tinha por volta de 4 ou 5 anos. Meu avô morava conosco, e ainda guardo na memória o carinho que nutria por mim e pela minha irmã mais velha. Ele tinha uma rotina que eu adorava: uma vez por semana, nos dava dinheiro para comprar um doce parecido com uma Nhá Benta. Além de aumentar nossa dose semanal de dopamina, meu querido avô seguia hábitos precisos, quase ritualísticos. Ele acordava sempre no mesmo horário e tomava um café da manhã que, até hoje, me marcou tanto visual quanto afetivamente: mergulhava o pão com manteiga no copo de café com leite e, em seguida, dava uma mordida espetacular. Claro que tentei imitar algumas vezes, mas já faz anos que não o faço. Depois do café, eu saía para a escola.

Certa manhã, acordei e não o vi na cozinha. Pouco depois, vi minha mãe ao telefone, com uma expressão de desespero. Minutos mais tarde, alguns homens entraram na casa. Na minha memória infantil, eles pareciam astronautas, provavelmente por causa dos cilindros de oxigênio e máscaras que carregavam nas costas. Eles correram para o quarto do meu avô. Não me lembro dele saindo de maca, não me lembro do enterro nem da conversa que meus pais tiveram conosco. Mas eu sabia que ele não voltaria mais.

O esquecimento, às vezes, é uma bênção, mas esquecer não significa desaparecer. Aquilo que não lembramos se recolhe em um espaço silencioso dentro do nosso coração e da nossa mente.

Essa primeira percepção da finitude, aos 4 anos, voltou como um tsunami nos meus 34 anos. Meu pai, maratonista, vendendo saúde e com apenas 61 anos, me chamou para levá-lo ao hospital. Ele estava com febre e se sentia mal. Saí correndo. No hospital, fizeram exames e não detectaram nada além de uma possível gripe. Horas depois, minha mãe me ligou: ele havia desmaiado em casa. Em minutos, eu já estava ao lado dele, deitado, o acolhendo nos braços, com um médico na linha do meu celular. Ali, sentindo sua respiração, segui as instruções do médico. "Ele está tendo um AVC!", disse ele. "A ambulância já está chegando."

Lembro-me de tentar estabelecer um código com meu pai dizendo para ele piscar uma vez para dizer "sim" e duas para dizer "não". Funcionou por alguns instantes, mas logo ele já não respondia mais. A ambulância chegou. Minha memória daquele momento é fragmentada, como se tudo estivesse acontecendo em câmera lenta. Minha mãe me contou que o motorista da ambulância corria o máximo possível, mas, para mim, não era o suficiente e eu gritava para ele correr mais! Infelizmente, meu pai não resistiu.

Dessa vez, ao contrário dos meus 4 anos, lembro de cada detalhe. A dor, a impotência, o choque. Minha vida mudou radicalmente depois disso. A experiência com a finitude me fez tentar valorizar o que temos de mais precioso: o tempo. O tempo com aqueles que amamos, o tempo de nos encontrarmos, de entendermos quem somos e o que queremos em nossa passagem pela Terra. Meu pai costumava carregar um papelzinho no bolso e que ficou comigo; era uma citação milenar de um sábio judeu chamado Hillel, o ancião, do século I a.C. Dizem que Jesus conhecia bem os seus ensinamentos e inspiraram algumas de suas parábolas. A família decidiu escrever essa citação na lápide do meu pai:

Se eu não for por mim, quem será por mim?
Mas, se eu for apenas por mim, que sou eu?
E se não for agora, quando?

E então, pouco tempo depois, ocorreu outro fato que penetrou definitivamente no meu ser.

Menos de um mês depois da morte do meu pai, viajei para Porto Alegre a trabalho, voando pela antiga TAM, hoje LATAM, e voltei para São Paulo pelo aeroporto de Congonhas. Três dias depois da minha chegada, em 17 de julho de 2007, aconteceu um dos mais trágicos e marcantes acidentes aéreos do Brasil. Um avião, vindo de Porto Alegre, não conseguiu parar na pista e se chocou contra um prédio em frente ao mesmo aeroporto.

Fiquei estarrecido. Corri para ver meu cartão de embarque e percebi: eu tinha voado naquele mesmo avião, naquele mesmo trajeto, dias antes. Foi um choque! E a confirmação de algo que relutamos em aceitar: não temos controle sobre tudo.

Talvez seja por isso que os estoicos voltaram a fazer tanto sucesso no século XXI. A filosofia deles ressoa conosco porque expressa essa realidade incontornável: há forças maiores que nós. Sêneca (4 a.C.-65 d.C.), um dos estoicos mais célebres da Roma Antiga, defendia que devemos aceitar nosso destino, pois não podemos mudá-lo. Devemos buscar a tranquilidade da alma, a ataraxia, que deriva de *a* (negação) + *taraxia* (agitação, perturbação), e não antecipar desgraças. Ser precavido, sim; sofrer por antecedência, não. É um desperdício de energia mental. (Para quem quiser se aprofundar no pensamento estoico, recomendo Sêneca, Epiteto e Marco Aurélio.)

E adivinhe qual é uma das maneiras mais eficazes de lidar com a reflexão sobre a finitude? Sim, você acertou: as histórias.

Então, vamos a elas!

Sementes de mostarda

Talvez esta seja uma das histórias mais conhecidas entre os budistas ao redor do mundo. Ela me foi presenteada na época da morte do meu pai, e me senti profundamente agradecido. Agora quero compartilhá-la com você. E, se por acaso já a conhece, quero lhe dizer algo: histórias repetidas nunca são as mesmas! Como disse, há milênios, o famoso filósofo grego Heráclito: "Nenhum homem entra duas vezes no mesmo rio, pois não são as mesmas águas, e ele já não é o mesmo homem".

Uma jovem que perdera a mãe repentinamente estava arrasada. Sua mãe era sua melhor amiga, seu apoio afetivo, sua referência moral. Ela não conseguia aceitar tamanha perda. Raiva, dor e desespero tomavam conta de todo o seu ser.

Uma vizinha querida, ao vê-la naquele estado, aproximou-se com delicadeza e disse:

— Sei que nenhuma palavra pode confortá-la neste momento, mas quero que saiba que estamos com sorte. O Buda, o ser desperto, está passando uma temporada em nossa cidade. Vá até ele, talvez ele possa ajudar.

A jovem hesitou. Seu coração despedaçado e inconformado parecia fincar os pés no chão. Mas, reunindo forças do fundo da sua alma ferida, decidiu ir ao encontro do ser desperto.

Como fazia com todos que batiam à sua porta, Buda a acolheu. Seu discípulo e assistente pessoal, Ananda, serviu-lhe um chá quente. A jovem, entre soluços, contou o que havia acontecido. Praguejou contra os céus, questionou a injustiça dos deuses, incapaz de compreender por que uma pessoa tão boa como sua mãe havia partido.

Buda a deixou falar. Permitiu que desabafasse, que colocasse tudo para fora. E, quando o silêncio enfim se instalou, o mestre disse com serenidade:

— Eu tenho a solução para o seu desespero.

A jovem ergueu os olhos, renascida pela esperança. Ansiosa, perguntou:

— Qual é essa solução?

— Tomar um chá feito com sementes de mostarda trituradas.

— Somente isso?

Buda a olhou com ternura e respondeu:

— Não, não é somente isso. Você precisa conseguir essas sementes de mostarda de pessoas que nunca perderam ninguém na vida. Apenas essas sementes servirão para o seu chá e a sua paz de espírito.

A jovem achou aquilo estranho, mas sua dor era tamanha que se agarrou àquela tarefa. Agradeceu ao mestre e partiu de imediato em busca das sementes.

Por semanas, percorreu casas e mais casas, conversando com famílias, buscando alguém que nunca tivesse perdido um ente querido. Mas, em cada lar que visitava, ouvia histórias de perdas, de saudades, de lágrimas derramadas. E, ao compartilhar suas próprias dores, sentia algo inesperado, uma conexão, uma compreensão mútua, um alívio sutil, como se a dor, ao ser dividida, perdesse parte de seu peso.

Tempos depois, ela retornou à casa de Buda. Ananda, mais uma vez, lhe serviu um chá quente. Agora, porém, o rosto da jovem estava diferente: sereno, mais leve, carregando não apenas tristeza, mas também sabedoria.

Buda sorriu e perguntou:

– E, então, encontrou as sementes de mostarda?

A jovem abriu um pequeno sorriso e respondeu:

– Percorri dezenas de casas, mas não encontrei uma única pessoa que não tivesse perdido alguém querido. No entanto, a cada conversa, percebi que uma dor compartilhada é uma dor pela metade.

Buda assentiu e completou:

– Sim, minha jovem, uma dor compartilhada é uma dor pela metade. Mas lembre-se: uma alegria compartilhada é uma alegria dobrada.

A jovem fez uma pequena reverência ao ser desperto, agradeceu o chá e partiu sem levar consigo as sementes de mostarda, mas carregava algo ainda mais valioso: a compreensão de que a dor é universal, e que o consolo se encontra no tempo, na partilha e na compaixão.

> *Uma dor compartilhada é uma dor pela metade, assim como uma alegria compartilhada é uma alegria em dobro.*

O nobre de Versalhes

Como a história anterior, esta também é bem conhecida nos quatro cantos do mundo. Ela vai circulando, trocando suas vestimentas, mas sempre deixa sua mensagem por onde passa. Como criador e contador de histórias, sempre tomei a liberdade de recontar histórias antigas com roupagens novas, em ambientes diferentes, inserindo diálogos imaginários. Claro, isso só é possível com histórias e personagens de domínio público. E fiquei com vontade de contar a próxima com uma roupagem francesa do século XVII.

Esta história espantosa aconteceu no famoso Palácio de Versalhes, a morada icônica e luxuosa do Rei Sol, Luís XIV. O palácio estava sempre cheio de nobres, empregados e visitantes mil. Eles eram adeptos do que as minhas filhas chamam de "inimigos do fim". Uma festança atrás da outra, jogos, comilança e, claro, muita fofoca! Aquele povo adorava fofocas. Bem, quem não gosta?

Num dia nublado e frio, um jovem nobre, amigo próximo do monarca que disse a famosa frase *"L'État, c'est moi!"* (O Estado sou eu!), estava caminhando despreocupado no Bosque de Baco, dedicado ao deus do vinho e da festa – e como esse jovem adorava vinhos e festas! Ao se aproximar da fonte, onde estava a estátua mitológica de Baco rodeada por pequenos sátiros, o jovem avistou uma figura misteriosa olhando para a linda fonte.

Quando a mulher percebeu a chegada do jovem, virou-se e, ao vê-lo, levou um susto enorme e abriu os braços. Por sua vez, o jovem, ao ver tal figura, ficou simplesmente atônito. Seus pelos ficaram todos eriçados, o sangue quente pareceu congelar, e o ar que ele puxava não conseguia penetrar em seus pulmões!

Recobrando o equilíbrio, o nobre saiu em disparada para dentro do palácio. Esbaforido, entrou na Galerie des Glaces, o Salão dos Espelhos, um dos locais mais emblemáticos de Versalhes. (Quem visita nunca esquece. Seus grandes espelhos refletem a vista dos jardins – é estonteante!)

Era o salão usado para recepções, audiências e cerimônias oficiais. Quando o jovem adentrou o local, Luís XIV estava em uma audiência, mas, ao ver a expressão aterrorizada do jovem, parou tudo e gritou:

– Antoine, o que aconteceu? Você está mais branco do que o pó que usamos no rosto!

– Vossa Majestade, o senhor não sabe quem acabei de ver no Bosque de Baco! Preciso fugir agora!

– Calma, Antoine. Quem te deixou nesse estado?

– *La Mort*! A Morte, ela está no seu jardim! E, assim que me viu, abriu os braços! Ela me queria, Majestade, me ajude, por favor!

Luís XIV ficou perplexo com o que tinha acabado de ouvir. Como a Morte tinha coragem de entrar em Versalhes e ameaçar um jovem nobre e querido amigo! O rei mandou que um empregado selasse seu cavalo mais veloz e disse ao jovem:

– Vá embora imediatamente para o Palácio de Fontainebleau. Vou te proteger dessa insolente que se atreve a me desafiar dentro do meu próprio palácio.

O jovem agradeceu ao rei, montou no cavalo e partiu em disparada em direção a Fontainebleau. Impaciente, o rei decidiu tirar satisfação com a Morte. Foi até a fonte de Baco, e lá ela continuava.

— Minha senhora, quem lhe convidou ao meu palácio?

— Majestade, estou apenas de passagem.

— Mas então por que assustou meu jovem amigo? Ele me disse que você o chamou para os seus frios braços.

— Ah, sim, fiquei bem intrigada com esse jovem.

— Como assim?

— Como lhe disse, Majestade, estou aqui de passagem. Meu compromisso é daqui a algumas horas no seu palácio em Fontainebleau. E fiquei espantada ao ver, bem aqui no seu lindo jardim, o jovem que eu teria de encontrar lá. E como nunca falho nos meus compromissos, fiquei imaginando como ele chegaria no seu outro lindo palácio.

O Rei Sol foi começando a se apagar, um medinho começou a penetrar seu coração real e dando pequenos passos para trás, ele se despediu, dizendo:

— Fique à vontade, mas, se quiser ir embora, também não vou impedi-la. E, por favor, espero nunca mais vê-la na minha frente.

— Não sei se posso prometer isso, Majestade, mas acredito que vamos demorar para nos encontrar novamente.

Luís XIV realmente demorou para ver novamente a dama da foice. Ele morreu com 77 anos e foi um dos monarcas franceses mais longevos da história. E parafraseando João Grilo, personagem de Ariano Suassuna: "Eu não sei se tudo isso é verdade ou mentira, só sei que foi assim".

Sabemos o fim, aproveitemos a jornada.

Ambição mortal

Muitas das histórias que você está lendo vêm de um passado longínquo e são parte de uma sabedoria universal e coletiva. Não é à toa que muitos autores clássicos beberam dessa fonte popular para criar suas obras. Posso citar alguns que fizeram isso com maestria: Shakespeare, Miguel de Cervantes e Tolstói. Este último escreveu um conto, uma fábula moral, inspirada em uma história popular que circulou por vários cantos do mundo. O poder de reflexão desse conto é imenso. E, inspirado nas diversas versões desse conto e na fábula de Tolstói ("De quanta terra precisa o homem?"), segue a minha versão.

No interior do Centro-Oeste brasileiro, um agricultor cultivava uma pequena propriedade. Ele e sua família tiravam da terra o sustento, e, muitas vezes, o excedente da produção era comercializado e revertido em melhorias na casa – modesta, mas confortável –, na compra de máquinas mais novas e em pequenos caprichos para os filhos. Era uma vida simples, mas que, aos poucos, melhorava, alimentando a esperança de um futuro mais próspero.

Certa manhã, José viu passar pelo portão de sua propriedade uma caminhonete de luxo, um carro que, provavelmente, valia mais do que sua terra, sua casa e o pouco dinheiro guardado no banco juntos. Para sua surpresa, a caminhonete parou. O vidro escuro abaixou e revelou o rosto de um homem de chapéu de caubói americano, óculos escuros e um perfume forte, que logo invadiu as narinas de José.

– Amigo, muito prazer. Meu nome é Abadias. Acabei de comprar algumas fazendas por aqui.

O agricultor sorriu amarelo. Pensamentos começaram a fervilhar em sua mente: "Quem é esse homem tão rico? Deve ser herdeiro! Não tem cara de quem já pegou em uma enxada! Que mundo injusto… Eu me mato de trabalhar e esse playboyzinho já tem a vida feita por gerações". Tentando afastar o peso desses sentimentos, respondeu:

– Muito prazer, Abadias. Meu nome é José. Em que posso ajudá-lo?

– José, estava observando sua roça. É tão bem cuidada… Você poderia me ajudar em minhas fazendas. Prometo recompensá-lo bem.

José hesitou. Disse que falaria com a mulher e, se decidisse aceitar, o encontraria na fazenda. O fazendeiro concordou e partiu cantando os pneus até desaparecer na poeira da estrada.

À noite, José conversou com a esposa. Ela não gostou da história. Tinha um pressentimento ruim sobre aquele homem. Mas José não conseguia parar de pensar nas oportunidades que essa aproximação poderia trazer, aceleraria seus sonhos e mudaria a vida da família. Decidiu, por conta própria, aceitar a proposta e, no dia seguinte, foi até a fazenda de Abadias.

A partir de então, José passou a dedicar mais tempo às fazendas de Abadias do que à própria propriedade, que, aos poucos, começou a definhar. A mulher e os filhos não davam conta de todo o trabalho sozinhos.

Três meses se passaram e José ainda não havia recebido nenhum pagamento. Certo dia, resolveu tirar satisfação.

– Estou aqui há três meses, não ganhei um tostão. Minha propriedade está abandonada, minha família diz que logo até comida nos faltará.

Abadias, vestindo roupas impecáveis e exalando o mesmo perfume da primeira vez que se viram, aproximou-se de José e, colocando a mão em seu ombro, produzindo um calafrio no agricultor, disse com um sorriso afável:

– Você me ajudou muito, José. Suas dicas foram valiosas, sua força de trabalho inspirou todos os meus empregados. Está na hora de receber seu pagamento!

José sentiu um alívio imediato ao ouvir a palavra "pagamento" e pelo braço do fazendeiro ter saído de seu ombro.

– Gostei tanto de você, José, que vou lhe dar algo que ninguém mais lhe dará.

José já estava prestes a passar seus dados bancários, quando Abadias tirou os óculos escuros, fixou nele um olhar penetrante e continuou:

– Você viu quantas fazendas eu tenho, não viu?

– Sim, parecem um mundo sem fim!

– Pois está enganado, José. Elas têm fim. Mas você pode descobrir o tamanho desse fim.

– Não entendi...

– Vou levá-lo a uma de minhas maiores fazendas. Amanhã, ao amanhecer, deixarei você em um ponto específico. A partir dali toda a terra que você percorrer será sua. De papel passado e tudo!

José ficou atordoado. Isso mudaria a vida dele e de sua família para sempre.

– E como será feita a medição? Posso descansar? Posso levar comida e água nessa caminhada?

– Calma, calma, meu amigo – disse Abadias, sorrindo. – Os lados do terreno serão delimitados visualmente. Onde sua vista alcançar, será seu.

José mal conseguia conter a empolgação.

– Há apenas uma condição – continuou Abadias. – Você não pode levar comida nem água. Sei que você é resistente. Não pode parar para descansar nem dormir. E o mais importante: precisa voltar ao ponto de partida para garantir sua propriedade.

José fez contas mentais. Ele sempre fora forte, estava acostumado a andar longas distâncias, a suportar fome e cansaço. O prêmio valia o esforço.

– Eu topo! Quando começamos?

– Amanhã. Vá para casa e te encontro antes do nascer do sol.

José correu para casa, contou tudo à esposa, exultante. Mas ela não gostou nada daquilo.

– José, isso não me cheira bem! Volte suas energias para a nossa terra!

– Mulher, confie em mim! Sei o que estou fazendo. Amanhã darei uma caminhada e, depois, seremos donos de uma fazenda imensa!

Antes de o galo cantar, José já estava na estrada.

– Chegou cedo, José – disse Abadias, sorrindo.

– Hoje serei dono de uma fazenda imensa!

– Isso só depende de você.

Abadias o levou até o meio de uma fazenda imensa, abriu a porta da caminhonete e apontou para o horizonte.

– Pode começar. Farei o monitoramento com este drone. Nada de descansar ou dormir. E lembre-se: se não voltar para este local que estamos, perde tudo.

José, eufórico, despediu-se e começou a caminhada.

Depois de uma hora, estimou já ter percorrido seis a sete quilômetros. Olhou ao redor: tudo aquilo poderia ser seu. Mas ainda havia muito horizonte pela frente. As horas passaram. O barulho do drone era a única companhia. A sede apertava, a fome castigava. Mas o tamanho das terras que já tinha conquistado o impulsionava.

No fim da tarde, exausto, José começou a sonhar com a comida da esposa, aquela galinha caipira suculenta, e com a água fresca da moringa na mesa da sala. Era hora de voltar!

Estava prestes a dar meia-volta quando olhou para o horizonte e sussurrou para si mesmo:

– Por que não caminhar mais um pouco? Serei o dono de um mundo!

Seguiu adiante. O drone zumbia acima dele. Só quando seus pés, cobertos de bolhas e feridas, não aguentavam mais, decidiu voltar.

Já era noite. Cada passo parecia arrastado. O corpo queria parar, mas a mente via a riqueza à frente: a fazenda produtiva, as caminhonetes novas, uma vida sem privações...

Então, como um raio caído do céu, viu na sua mente a imagem de sua esposa e filhos. José parou de andar. Uma lágrima escorreu pelo seu rosto. E, sem forças, caiu morto no chão.

A ambição desmedida pode ser fatal.

O amor que venceu a morte

Estamos acostumados a ouvir histórias de amor com finais trágicos, como Romeu e Julieta, mas os antigos gregos eram muito criativos e conseguiam transformar romances em desfechos surpreendentes e de uma beleza inspiradora.

A história que vou recontar tem mais de dois mil anos, mas sempre que a encontro me vêm à mente aqueles vídeos nas redes sociais ou programas de televisão que mostram casais bem velhinhos que, depois de uma vida juntos, acabam partindo praticamente ao mesmo tempo.

Sim, eu sei: *spoiler*! Mas prometo que foi só um pouquinho.

É de conhecimento geral que os deuses gregos não eram exatamente um modelo de serenidade e bondade. Eram invejosos, raivosos, ressentidos, ciumentos, mal-humorados, vingativos... Já deu para entender, né? Mas, vez ou outra, tinham seus momentos de caridade, generosidade e justiça. Ou seja, eram muito parecidos com alguém que conhecemos bem: nós mesmos! O poder da mitologia grega, e de outras mitologias, reside exatamente nesse espelhamento com a espécie humana.

O *big boss* dessa turma olímpica era Zeus, o deus dos deuses, um sujeito que sabia do seu poder e, desde que ninguém pisasse no seu calo, ficava de boa lá no Olimpo.

Entre seus passatempos preferidos, além de soltar raios de vez em quando, estava *stalkear* os mortais. Observava se estavam cumprindo seus deveres, se faziam os sacrifícios certos e, claro, se por acaso não aparecia uma beldade que chamasse sua atenção. Sim, Zeus era casado com uma deusa ciumenta, Hera, mas isso nunca fora um empecilho para suas inúmeras puladas de cerca. Só para citar um exemplo, foi dessas escapadas que nasceu ninguém menos que Hércules (ou Héracles, no nome grego original). Mas estou aqui divagando... Vamos à história desse amor que venceu a morte.

Certo dia, Zeus acordou com a pá virada. Olhou para seu filho Hermes, o mensageiro dos deuses, e disse:

– Filho, quero dar um passeio pela Frígia para ver se os humanos ainda cumprem com o dever sagrado da hospitalidade.

A Frígia ficava onde hoje é a Turquia.

– Claro! Vamos lá! – respondeu Hermes, sem imaginar o que vinha pela frente.

Os deuses, como se sabe, não podiam aparecer em sua forma verdadeira para os mortais, pois isso poderia matá-los ou enlouquecê-los. Então, Zeus e Hermes disfarçaram-se de camponeses e desceram para o mundo dos homens.

Foram batendo de porta em porta. Algumas casas nem se dignaram a abrir, outras os expulsaram sem nem sequer ouvir o que tinham a dizer. Depois de centenas, talvez milhares de tentativas, Zeus estava furioso:

– Hermes, meu filho, você viu como os humanos tratam estrangeiros cansados e famintos? Eles merecem uma punição exemplar!

Ao ouvir a palavra "punição", as asinhas das sandálias de Hermes começaram a tremelicar. Quem conhecia Zeus sabia que vinha coisa braba por aí.

– Vou arrasar a Frígia! Inundar tudo com seus habitantes ingratos!

– Pai... Você não está exagerando um pouco?

Zeus deu aquela olhada para o filho – quem já recebeu essa olhada de pai ou mãe sabe do que estou falando – e nem se dignou a responder.

O deus dos deuses já se preparava para lançar um raio em uma represa e inundar tudo, quando Hermes notou uma cabana e apontou:

– Espera! Olha lá! Ainda não batemos naquela casa!

A choupana era tão humilde e discreta que eles quase passaram batido. Zeus concordou em ir até lá. Antes mesmo que batessem à porta, uma senhora de idade avançada apareceu na janela:

– Esperem um instante, já vou abrir!

Seu nome era Báucis, e ela vivia ali havia décadas com o marido, Filêmon. Não tinham filhos, eram pobres, mas sempre se apoiaram um no outro. O amor que começaram na juventude resistia ao tempo como uma costura invisível, mas inquebrantável.

Quando os deuses entraram na humilde choupana, Báucis chamou o marido:

– Filêmon, venha! Temos convidados!

Filêmon surgiu com suas roupas gastas, lavou as mãos rapidamente e disse:

– Sejam bem-vindos à nossa humilde casa.

Fez questão de acomodá-los nas duas únicas cadeiras do lar, enquanto Báucis começava a esquentar água para uma sopa.

– Vocês devem estar famintos – disse ela.

Os deuses, sem precisar de palavras, apenas assentiram com a cabeça. Sem hesitar, Báucis pegou as últimas verduras da cesta e as colocou na panela. Filêmon foi ao quintal colher as ervas restantes. Eles queriam oferecer o melhor do que tinham.

Hermes, emocionado, agradeceu:

— Estamos muito comovidos com a generosidade de vocês. A fome é muita.

Ao ouvir isso, Báucis não pensou duas vezes:

— Filêmon, pegue a carne-seca pendurada próxima ao varal.

Era a última peça de carne que possuíam. Filêmon não hesitou e foi pegar a carne. Ainda assim, achou que não seria suficiente para quatro bocas. Então, virou-se para a esposa e disse:

— Vou pegar nosso ganso. Ele dará uma bela porção de carne.

— Mas não é o único animal de vocês? — perguntou Hermes.

— Sim, mas nada é mais importante do que oferecer uma refeição digna aos nossos convidados.

Filêmon correu atrás do ganso, mas o bicho era esperto e disparou direto para o colo de Zeus!

— Deixem seu animal em paz. Não precisam matá-lo.

Foi então que, ao ouvir aquela voz pela primeira vez, Báucis e Filêmon perceberam que algo estava acontecendo. Os dois se ajoelharam em silêncio. Zeus e Hermes se revelaram, sem mostrar suas formas originais, claro.

— Vocês passaram no teste. Enquanto toda a Frígia foi arrogante e hostil, vocês mostraram hospitalidade e generosidade genuínas. Mas minha decisão já está tomada: a região será destruída.

Báucis e Filêmon se abraçaram com força. O medo os dominava.

– Não se preocupem! Vocês não serão punidos.

Os dois velhos se entreolharam, e, com os rostos delicadamente colados, agradeceram a benevolência de Zeus. Hermes ajudou os dois velhos a saírem da choupana e os levou até uma montanha íngreme que ficava próximo dali. Do alto da montanha, o casal e os deuses conseguiam ver toda a planície da Frígia.

Zeus então despejou sua fúria e toda a região foi inundada, não sobrando nenhum ser vivo por lá. Antes de voltar para seu palácio no Olimpo, Zeus olhou para Báucis e Filêmon e disse:

– Realmente estou feliz de tê-los conhecido e quero recompensá-los. Peçam o que quiserem que vou conceder-lhes.

O casal cochichou e então Báucis respondeu:

– Gostaríamos de ser sacerdotes do seu templo. E mais uma coisa...

– Digam.

– Vivemos juntos por toda a vida. Nosso amor é o que nos sustenta. Não suportaríamos ver um partindo sem o outro. Se nos for permitido, gostaríamos de, quando chegar a nossa hora, morrer ao mesmo tempo.

Zeus e Hermes, não muito sentimentais por natureza, ficaram genuinamente tocados.

– Que assim seja!

Os dois deuses foram embora, e Báucis e Filêmon passaram os poucos anos que lhes restaram como sacerdotes em um templo situado em um monte próximo dali.

Certo dia, Báucis, já sem conseguir se locomover direito, chamou Filêmon, que também não estava em sua melhor forma. Parados em frente ao templo, sentiram que Átropos, a Moira que cortava o fio da vida, estava com a tesoura na mão. Deram-se as mãos e morreram ao mesmo tempo, lado a lado.

Zeus, que jamais os esquecera, ao presenciar a cena, decidiu transformar Báucis em um carvalho e Filêmon em uma tília. As duas árvores cresceram juntas, e seus galhos se entrelaçaram, tornando-se um símbolo eterno de um amor que nunca morre.

A morte não mata o amor.

Os três jovens

Há muitos anos, tive contato com um dos autores mais importantes da literatura mundial, considerado por muitos o "pai da literatura inglesa". Seu nome? Geoffrey Chaucer. Ele nasceu em 1343 e faleceu em 1400 (faz tempo!), mas até hoje seus *Contos da Cantuária* são um clássico. Quando o livro foi publicado, causou uma verdadeira revolução literária, pois Chaucer usou a linguagem do povo, algo impensável na época em que o latim era o suprassumo da erudição. E os contos? Sensacionais! Um retrato vivo da Idade Média, repleto de humor, personagens de diferentes classes sociais e uma crítica social afiada, corajosa demais para um período em que criticar os poderosos podia custar caro. Como outros autores que já mencionei, Chaucer não apenas bebeu dos contos populares, ele mergulhou neles para criar sua obra-prima. Recontou com maestria histórias que até hoje despertam risos, reflexões e garantem ótimos momentos de leitura.

A premissa do livro é simples e genial. O narrador (Chaucer) está a caminho da Cantuária, um importante local de peregrinação religiosa. No meio do trajeto, ele para em uma hospedaria e encontra 29 viajantes, todos desconhecidos entre si, mas que também estão indo para o mesmo destino. Viajar sozinho naquele tempo era um grande perigo. Por isso, juntar-se a uma comitiva, ou melhor, a uma companhia (*companis*, do latim, "aqueles que dividem o pão") era a forma mais segura de chegar ao destino.

Todos concordam então em seguirem juntos até a Cantuária, uma jornada longa e cansativa. Na comitiva há um cavaleiro, um moleiro, um magistrado, um estudante de Oxford, um mercador, um médico e outras figuras. Para tornar a viagem mais interessante, Chaucer propõe um jogo: cada viajante deveria contar duas histórias na ida e duas na volta. A melhor história e seu respectivo contador ganhariam um jantar farto no retorno. A proposta foi aceita com entusiasmo! O livro reúne essas histórias, muitas delas inspiradas em narrativas que circulavam em diferentes culturas. Escolhi uma delas para recontar ao meu jeito e compartilhar com você.

Chegara a vez do vendedor de indulgências, um sujeito hipócrita e corrupto, contar sua história. Ele se levantou e começou seu conto:

– Meu lema dentro da igreja é um só: *Radix malorum est cupiditas*!

O cozinheiro da comitiva olhou com certo desprezo para o vendedor e resmungou:

– Dá para falar a nossa língua?

O vendedor de indulgências, com um olhar ainda mais carregado de desprezo, traduziu seu lema:

– A raiz de todos os males é a cobiça!

Os outros viajantes se seguraram para não rir. Afinal, ouvir um discurso moralista vindo de alguém que explorava a fé alheia por qualquer moeda era, no mínimo, engraçado.

Mas, hipocrisia à parte, todos estavam ali para ouvir uma boa história, e ele continuou.

O conto se passava em uma cidade medieval e girava em torno de três jovens amigos festeiros, arruaceiros ocasionais, sempre em busca de prazeres fáceis.

Em uma noite, estavam em uma taberna, bebendo, cantando e provocando as poucas mulheres que ali estavam, quando um homem de aspecto soturno entrou no local. Ele não parecia nem muito rico, nem muito pobre, e procurava um canto para se sentar.

Curiosos com a figura enigmática, os jovens o chamaram para sua mesa:

— Venha, beba conosco e nos entretenha! — disse um deles.

O homem aceitou a bebida, mas recusou a oferta de entretenimento. Seu semblante era pesado.

— A Morte está solta por essas bandas — disse, depois de alguns goles. — Ela anda matando sem piedade. Parece insaciável!

Os três jovens, embriagados e cheios de coragem à base de álcool, ficaram indignados:

— Vamos caçar a Morte! Quem ela pensa que é para fazer o que bem entender?

Levantaram-se cambaleantes, pagaram a conta e saíram da taberna esbravejando contra a Morte.

Na estrada poeirenta pela qual caminhavam, avistaram um ancião vindo em sua direção, que ouvira a conversa dos amigos e disse:

— Escutei o que vocês acabaram de falar e sei onde a Morte está.

— Diga logo, seu velho! — gritou um deles.

— Acabei de vê-la embaixo daquele enorme carvalho. — E apontou para uma enorme árvore ao longe.

Os jovens, sem agradecer ou falarem qualquer coisa, foram em direção ao carvalho, que se destacava pela altura. Seria uma boa caminhada até lá. Depois de um bom tempo, o efeito do álcool já arrefecera, e os três chegaram bem perto do carvalho.

– Cadê você, Morte? Está com medinho de aparecer? – disse um deles.

Outro jovem então foi atrás da árvore para fazer xixi e, para seu espanto, viu uma caixa bonita no chão, perto do tronco da árvore. Chamou os outros dois e, ao abrirem a caixa, ficaram paralisados: era ouro! Uma caixa repleta de moedas de ouro, uma fortuna! Os três gritaram e se abraçaram, já pensando em uma vida de luxúria sem fim.

– Vamos comemorar! – disse um deles.

Um dos jovens foi até a cidade buscar comida e vinho. Assim que ele partiu, os outros dois ficaram sentados ao lado do baú, e a euforia começou a dar lugar à ganância.

– Você sabe... quando ele voltar, vamos ter que dividir esse ouro em três. Mas poderíamos dividir só entre nós dois – disse um.

O outro ficou pensativo. Era um amigo, mas... dividir em dois era muito melhor do que dividir em três.

– Concordo. Assim que ele voltar, o matamos.

Depois de algum tempo, o jovem voltou carregado com comida e um garrafão de vinho.

– Amigos! Vamos celebrar a nossa sorte e riqueza!

Assim que ele deixou a comida e o vinho no chão, os outros dois o atacaram violentamente e o mataram a facadas.

Depois do choque inicial de ver o corpo do jovem ensanguentado no chão, os dois pegaram a caixa com o ouro e sorriram um para o outro. Sentaram-se ao pé do carvalho e se refestelaram com a comida e tomaram grandes goles de vinho.

Poucos segundos depois, os dois começaram a passar mal, sentindo uma dor insuportável que percorria o intestino e logo o corpo todo. Urravam de dor e desespero, até que caíram para nunca mais se levantarem.

O que não podiam imaginar era que o jovem que tinha ido comprar vinho e comida pensara exatamente como eles: por que dividir o tesouro com os outros dois se ele podia ficar com tudo sozinho? Então planejara envená-los e assim o fez.

– Portanto, todos eles encontraram a Morte, mas não do jeito que imaginaram! – disse o vendedor de indulgências, terminando sua história. O grupo adorou!

Percebendo o interesse geral, o vendedor de indulgências não perdeu tempo:

– E, se vocês quiserem aplacar os pecados da avareza e da luxúria, tenho aqui comigo algumas relíquias que posso vender por um preço camarada...

O albergueiro, que viajava com o grupo, não aguentou tanta cara de pau e rosnou:

– Se você não calar a boca, eu mesmo te levo para bater um papo com a Morte da sua história.

O silêncio se impôs, e a jornada para Cantuária continuou com novas histórias esperando para serem contadas.

A lealdade vale mais que ouro.

Rir para não chorar

O humor é um dos melhores antídotos contra a tristeza e a solidão. Não à toa, tem sido usado há milênios para amenizar as dores da alma. E é por isso que tenho uma grande admiração por um personagem lendário fascinante que utilizava o riso para penetrar no coração humano e, sem que percebêssemos, nos fazer refletir sobre os grandes e pequenos temas que cercam nossa vida material e espiritual. Trata-se de Nasrudin. Já ouviu falar?

Nasrudin é um personagem de muitos nomes e muitas terras. Também conhecido como Goha, Srulek ou Djeha, suas histórias atravessaram fronteiras, ecoando por Turquia, Egito, Síria, Irã, Paquistão e além. Suas façanhas ultrapassaram o mundo oriental, chegando até a literatura europeia. Com as grandes navegações, suas proezas viajaram com as naus portuguesas e espanholas e, ao atracar em terras tropicais, Nasrudin ganhou novos nomes, a exemplo de Pedro Malasartes, no imaginário popular brasileiro.

Quero compartilhar com você duas histórias curtas de Nasrudin sobre o tema deste capítulo.

Já bem velhinho, o mulá (termo do Islamismo que significa "mestre") Nasrudin mal saía de casa, passando a maior parte do tempo deitado na cama. Mas isso não o impedia de receber seus alunos e admiradores.

Em uma fria noite de inverno, um grupo de discípulos se aproximou de seu leito. Entre eles, estava um jovem que acabara de perder a mãe. Angustiado, perguntou:

– Ao levar o caixão para o cemitério, devemos andar na frente ou atrás dele?

Nasrudin, com a voz fraca, respondeu sem hesitar:

– Isso não importa.

O jovem franziu a testa.

– E o que importa então?

O mulá deu um sorriso cansado e concluiu:

– Não estar dentro dele.

Tempos depois, com uma vida muito bem vivida, o mulá Nasrudin morreu.

Seu enterro foi um evento digno de um verdadeiro sábio: nobres, comerciantes, artistas, mendigos, gente de todas as classes e até estrangeiros foram prestar suas homenagens. Mas quem não se conformava com a morte do mulá era sua viúva, que, se pudesse, continuaria brigando com ele no além. Os relatos das discussões desse casal eram lendários.

Por trás das rusgas, porém, havia um amor genuíno. E a solidão da perda começou a afetar a saúde da mulher. Passaram-se três meses e, quando a viúva estava bem debilitada, a Morte bateu em sua porta também. Pouco antes de partir, chamou sua vizinha e amiga de longa data e fez um pedido:

– Minha hora está chegando. Quero que você me enterre com aquele vestido preto que Nasrudin recebeu das mãos do próprio califa.

– Claro, pode ficar tranquila – disse a vizinha.

Mas a viúva ainda não tinha terminado.

– Tenho mais um favor a pedir.

– Diga.

– Corte a parte de trás do vestido antes de me enterrar.

A vizinha arregalou os olhos.

– Como assim?

– O tecido é muito caro! Pegue esse pedaço para você e faça um xale.

A vizinha ficou desconfiada. A fama da viúva era de ser sovina. Essa generosidade repentina só podia ser coisa da Morte agindo.

– Mas enterrá-la com as costas descobertas? – questionou.

– Ora, ninguém vai perceber! Vou estar de barriga para cima.

A vizinha coçou a cabeça, mas ainda tinha uma dúvida:

– E, quando você chegar ao Céu e encontrar seu falecido marido, o grande mulá Nasrudin? Quando caminharem juntos rumo ao Paraíso, os anjos verão suas costas descobertas!

A viúva deu um sorriso malicioso e murmurou:

– Você lembra que, antes de o mulá ser enterrado, pedi para ficar a sós com ele?

– Lembro… e daí?

– Daí que, quando estivermos indo para o Paraíso, os anjos só terão olhos para Nasrudin.

– E por quê?

A viúva deu um risinho e confessou:

– Porque, antes de mandar o mulá para o fundo da terra, eu tirei as calças dele!

Antes perder o marido do que perder a piada.

> *O bom humor é o melhor antídoto*
> *contra a velhice.*

No último ato, a revelação

Tenho uma amiga muito querida que sempre me diz que devemos levar a nossa vida rumo à integração do nosso ser. Ou seja, buscar a paz interior para que, na hora da morte, estejamos despertos. Queria encerrar este capítulo com uma história que adoro e que sintetiza belissimamente o que minha amiga expressa com suas palavras tão profundas e paradoxais.

Em uma pequena aldeia japonesa, vivia um professor muito querido por todos. Já idoso e à beira da morte, ele repousava em seu leito, cercado por familiares e alunos mais próximos. O ancião olhava para todos com carinho e, sem conseguir se conter, lágrimas começaram a rolar de seus olhos semicerrados.

– O que foi, professor? – perguntou um de seus alunos. – Podemos fazer algo por você?

O mestre fez um gesto fraco, pedindo que todos se aproximassem, e com uma voz baixa, mas cristalina, disse:

– Quero pedir desculpas a todos vocês.

Os presentes se entreolharam, confusos. Admiravam profundamente aquele homem e não entendiam por que ele sentia necessidade de se desculpar.

– Professor, o que o senhor quer dizer?

Ele puxou o ar com força e começou a falar:

– Agora, neste momento final, quero compartilhar algo profundo que acabo de perceber.

Fez uma pausa para mais uma puxada de ar e continuou:

– Desde que me conheço por gente, lutei para mudar e melhorar o nosso país. Mas, quando vi a dificuldade de mudá-lo, decidi focar na minha cidade e o resultado também não foi dos melhores. Então, concentrei as minhas forças para tentar transformar a nossa aldeia. Vocês viram o esforço que fiz, mas… no fim também falhei.

Os olhos do mestre percorreram o pequeno quarto, e ele continuou:

– Foi então que pensei: "Se não consigo mudar o mundo nem a minha cidade ou a aldeia, talvez eu possa transformar a minha família". Isso, com certeza, eu poderia fazer! Mas, minha querida família… falhei novamente.

Fez mais uma pausa, olhou para seus alunos e disse bem baixinho:

– Agora percebo que deveria ter começado por tentar mudar a mim mesmo. Talvez assim todo o resto fizesse mais sentido, e as mudanças pudessem ter ocorrido.

Olhou para os que o cercavam, reuniu suas últimas forças e sussurrou:

– Comecem a mudança por vocês, queridos alunos e família.

Então, puxou seu último suspiro, fechou os olhos e partiu.

Não deixem chegar o fim
para começar a mudança.

Capítulo 3

Bem-aventurados os bem-humorados

> *O humor também compreende o mau humor.*
> *O mau humor é que não compreende nada.*
> **Millôr Fernandes,** desenhista brasileiro

Há um ditado em latim que diz: "*Castigat ridendo mores*". Ou seja, "Rindo, mudam-se os costumes". Desde tempos imemoriais, os seres humanos já sabiam que o humor, a sátira e as boas risadas têm uma força transformadora gigantesca.

O riso sempre foi um meio de abordar assuntos que, de outra forma, poderiam ser perigosos demais para serem ditos abertamente. Aliás, muitos comediantes e satiristas foram censurados, perseguidos e até mortos, enquanto outros tantos conseguiram transmitir mensagens profundas de forma quase subliminar: a princípio o público ria, mas com o tempo aquelas ideias iam se sedimentando no coração e na mente de leitores, espectadores e ouvintes.

Para você ter ideia da longevidade dessa tradição bem-humorada e subversiva, basta lembrar de Aristófanes, dramaturgo grego nascido em 446 a.C. Um homem corajoso! Suas peças cômicas eram carregadas de crítica social, o que faz dele um dos primeiros a entender o poder do humor como ferramenta de mudança. Até hoje, quando releio algumas de suas obras (leia, vale a pena!) – por exemplo, *Lisístrata,* que narra a greve de sexo das mulheres atenienses para forçar o fim da Guerra do Peloponeso, ou *As nuvens*, em que ele esculacha um dos meus heróis da filosofia, Sócrates –, fico imaginando o sucesso que ele faria hoje no YouTube.

A propósito, a comédia nunca esteve tão em alta. As *stand-up comedies* são prova disso. Para mim, isso tem tudo a ver com o momento de incerteza, angústia e ansiedade pelo qual o mundo está passando. Nunca se consumiu tantos antidepressivos e outros remédios para tratar da saúde mental como agora, então é natural que o humor surja como um alívio necessário. E, depois da risada, muitas vezes vem a reflexão: Quem somos? O que queremos? Por que queremos? São perguntas que a comédia, há séculos, nos ajuda a explorar.

Trabalho há anos com educação, literatura e infância, e posso afirmar com convicção: boas lembranças são construídas através de risadas e situações engraçadas. Você se lembra de momentos engraçados da sua infância ou adolescência? O humor cria vínculos permanentes entre pais, filhos, irmãos, amigos, colegas...

Antes de compartilhar algumas histórias em que o riso nos leva a reflexões conscientes e inconscientes, quero contar um episódio engraçadíssimo que virou um marco na memória da minha família.

Desde que minhas filhas eram pequenas, sempre fizemos questão de planejar viagens mais longas com elas pelo menos duas vezes por ano, não importa se para perto ou longe de casa. Esses momentos são essenciais para nós. E, conforme elas cresceram, a rotina diária tornou essas viagens ainda mais valiosas; eram um tempo de conexão, fortalecimento dos laços e, claro, muitas aventuras.

Quando as meninas se tornaram jovens adultas, a dinâmica das viagens ficou mais complexa, precisávamos conciliar faculdade, trabalho, provas. Não era fácil, mas sempre demos um jeito. E sempre valia a pena!

Em uma dessas viagens, vivemos uma experiência tão engraçada que tenho certeza de que meus netos e bisnetos ainda ouvirão falar dessa pegadinha à moda britânica.

Era a primeira vez na Inglaterra para mim e as minhas filhas; minha esposa já conhecia. Visitamos os pontos turísticos de Londres, fomos à cidade onde minha esposa estudara na juventude e, claro, fomos até o Castelo de Windsor.

Na volta, tínhamos que pegar o trem para Londres. Ao chegarmos à estação, ele já estava parado na plataforma e partiria em quinze minutos. E, como você pode imaginar, quinze minutos ingleses são exatos novecentos segundos, nem mais, nem menos!

Faltavam dez minutos para a partida quando a minha filha mais velha sentiu uma vontade incontrolável de fazer o número dois. Impressionante como essas necessidades sempre aparecem nos momentos mais descompromissados!

Saí com ela apressado para o banheiro da estação, enquanto a minha esposa e minha filha caçula ficaram no trem. "Não demorem!", disse a minha esposa.

Tudo certo. Missão rapidamente cumprida. Caminhávamos de volta para o trem quando me veio uma ideia. Entramos pelo último vagão, sem que minha esposa e minha outra filha percebessem, e mandei uma mensagem dramática: "A coisa está grave! Ela entalou na privada e não consigo tirá-la!". A resposta foi instantânea: "Você tá zoando, né?".

Mas, ao perceber que não voltávamos e que o trem partiria dali a poucos minutos, minha esposa começou a ficar nervosa. Enquanto isso, minha filha e eu nos escondemos dois bancos atrás delas, observando a movimentação. Elas estavam inquietas, sem saber se desciam do trem ou não.

Aumentei o drama: "Tive que chamar um funcionário para ajudar a desentalá-la da privada! Situação crítica! Acho que teremos de nos encontrar só em Londres!". Minha esposa e minha filha se entreolharam, desesperadas, olhando para o relógio. Eu e a minha cúmplice nos segurávamos para não rir alto com aquela cena.

Foi então que minha esposa pediu: "Manda uma foto!". E foi aí que tirei uma foto delas mesmas, sentadas no banco da frente. Elas se viraram e nos viram, bem na hora que as portas do trem se fecharam!

Explodimos em gargalhadas! Claro que depois levamos um belo de um esculacho, mas o que ficou foi a memória inesquecível daquele momento.

E é isso. O humor tem esse poder: cria laços, eterniza momentos e nos faz refletir sem que percebamos. Agora, vou compartilhar algumas histórias e espero que pelo menos uma delas arranque um sorriso de você. Mesmo se for pequeno, já valeu a pena.

Globalização

Ouvi esta história pela primeira vez da boca de um executivo de banco. Sim, podem existir executivos de banco bem-humorados.

Um rato estava apavorado. Um gato corria atrás dele com sangue nos olhos! A perseguição parecia cena de desenho animado: pulos, derrapadas, patadas do gato quase alcançando a ponta da cauda do rato.

Enquanto o gato corria para saciar sua fome, o rato corria pela sua vida! Mas a energia do pequeno roedor parecia estar chegando ao fim. Exausto e quase desistindo de tudo, veio o milagre: um buraco na parede, sua salvação!

Já dentro do buraco, ainda tremendo e quase enfartando, o rato percebeu que o local era um beco sem saída. Ele teria que esperar o gato se mandar para poder sair pelo mesmo lugar que entrou, então esperaria o tempo que fosse necessário.

Depois de um bom tempo, já mais relaxado, o rato começou a ouvir um latido vindo de fora do buraco:

– Au! Au! Au!

Mal podia acreditar na sua sorte! Além do buraco na parede, agora um cachorro! Com certeza o cão espantara aquele maldito gato!

Aliviado, começou a colocar a cabeça para fora do buraco quando de repente...

VAUPT!

Duas patas agarraram sua cabecinha e o puxaram para cima! O gato ajeitou o rato em uma de suas patas, segurando-o firmemente pelas unhas e aproximando-o da boca.

– Espera! Espera! – gritou o rato.

– O que foi? – perguntou o felino.

– Já sei que vou morrer, mas antes quero saber uma coisa.

– Fale!

– Eu estava no buraco e escutei um cachorro... Onde ele está?

O gato esboçou um sorrisinho, soltou um leve pigarro e começou a latir exatamente do mesmo jeito que o rato ouvira pouco tempo antes. Então, concluiu:

– Meu amiguinho, nessa era de globalização, quem não fala uma segunda língua morre de fome.

O rato não conseguiu dizer mais nada. E foi parar na barriga do esperto gato bilíngue.

Esta história é ótima para vender cursos de inglês.

Flatulus magnificus

Uma das coisas mais engraçadas da infância é a nossa relação com os puns, peidos, traques e outros tantos nomes que damos às flatulências. Mas posso garantir: não são só as crianças que se divertem com esse assunto. Aliás, você pode não acreditar, mas muitos personagens históricos e filósofos do passado escreveram sobre os gases expelidos pelo nosso corpo.

Vou falar de dois exemplos emblemáticos. O primeiro é Benjamin Franklin. Sim, ele mesmo: o rosto estampado na nota de 100 dólares, um dos Pais Fundadores dos Estados Unidos, político, cientista e inventor famoso por suas experiências com eletricidade e ideias revolucionárias. Pois bem, ele escreveu um texto satírico chamado "Fart Proudly" ("Peide com orgulho"), no qual sugeria que os cientistas deveriam se dedicar a encontrar uma forma de tornar os puns inodoros ou até perfumados.

O segundo pensador, que admiro muito, é do século XVI: Michel de Montaigne. Em seu clássico *Ensaios*, no capítulo XXI ("A força da imaginação"), ele aborda o assunto com naturalidade, narrando algumas histórias hilárias, como a de um homem que tinha tanto controle sobre seus puns que conseguia soltá-los em diferentes tons musicais!

Bom, já deu para perceber que não é um tema só para crianças. Aliás, eu também já escrevi sobre isso em um livro para crianças que virou um best-seller: *Até as princesas soltam pum,* que já foi traduzido para mais de quinze idiomas, virou peça de teatro de sucesso no Brasil e em Barcelona, e mudou a minha vida.

E quer saber como essa história nasceu? Se não, é só pular essa parte, não vou ficar chateado; mentira, vou sim.

Eu e minha esposa estávamos conversando na sala de casa, enquanto a nossa filha, na época com 2 anos, brincava por perto vestida de Branca de Neve. De repente, um cheiro que parecia o enxofre do diabo invadiu as nossas narinas. Minha esposa, com um olhar inquisidor, já começou a me culpar pelo feito, sempre os trogloditas dos homens. Jurei de pé junto que não tinha sido eu. Então, fiz um movimento arriscadíssimo e disse: "Se não fui eu… Foi você!". Minha esposa, indignada com a acusação, se defendeu na hora. Foi então que, ao mesmo tempo, olhamos para a nossa pequena ali ao lado e tivemos certeza: tinha sido ela! Aquela carinha de peidorreira a tinha entregado. Como é que uma menina tão pequena conseguiu soltar um pum tão poderoso continua um mistério até hoje.

Rimos da situação. Pais desnaturados! E a nossa filha começou a chorar. Minha esposa, tentando consolá-la, pegou-a no colo e, vendo-a vestida de Branca de Neve, disse:

– Não chora, meu amor… Até as princesas soltam pum!

Nossa filha parou de chorar, e foi assim que nasceu a minha história infantil mais famosa.

Bom, acho que já deu para perceber que me divirto com esse tema. Agora, vamos para uma história que atravessou séculos e continua ecoando (não podia perder a deixa) até hoje.

Um casamento das arábias estava sendo preparado num oásis deslumbrante, em uma das rotas comerciais mais importantes da Antiguidade. O mercador mais rico da região, Rashid, casaria com seu grande amor, Rania, uma das mulheres mais belas e inteligentes de toda aquela terra.

Os preparativos para o grande evento movimentavam dinheiro, mercadorias e pessoas como nunca se viu. Camelos chegavam carregados de flores e plantas exóticas, assim como cestas repletas de iguarias vindas dos quatro cantos do mundo. O espaço era adornado com dosséis de pura seda, prataria, ouro (muito ouro!) e vidros venezianos caríssimos, criando um cenário mágico.

– Rashid, parece que estou num conto das *Mil e uma noites*!

– Rania, você é mais que uma Sherazade para mim!

A futura esposa corou com tamanha demonstração de amor.

– E o vestido que encomendei de Bali? Você gostou?

Rania fez uma cara de "você está de brincadeira comigo" e depois abriu um sorriso que iluminou a alma de Rashid e disse:

– É o vestido mais lindo do mundo!

O grande dia se aproximava. Não demoraria muito e os dois seriam marido e mulher para sempre.

Na manhã do casamento, músicos vindos diretamente do palácio do Califa de Bagdá chegaram cedo. Os convidados, de terras próximas e distantes, mal acreditavam no cenário deslumbrante que se desenrolava diante de seus olhos.

E então chegou o momento tão aguardado. Tudo estava pronto. Rania, cercada pelas amigas e pelos parentes, vestida como uma rainha, aguardava a chegada de Rashid, o seu rei.

Os músicos começaram a tocar uma melodia envolvente, acompanhados por um cantor que declamava uma poesia de amor. Rashid aproximou-se de sua noiva. Seu coração acelerou. Sua alma parecia querer sair do corpo de tanta felicidade.

E, então, aconteceu a tragédia. Assim que encostou sua mão na de Rania e a música fez uma breve pausa... BUUUUM! Rashid soltou um peido homérico! Pantagruélico! Estrondoso! Se houvesse uma escala de peidos assim como há para terremotos, o de Rashid estaria no topo da escala.

O som reverberou pelo oásis inteiro. Rania, suas amigas, os parentes, os músicos, os convidados, todos tinham ouvido a trombeta do apocalipse. Mas, como gostavam muito de Rashid, tentaram disfarçar.

Alguém se apressou em pedir que a música recomeçasse. Mas era tarde. Rashid ficou paralisado. O rico mercador foi tomado por uma vergonha tão avassaladora que saiu correndo, montou em seu melhor camelo e desapareceu no deserto.

Dias depois, embarcou num navio e foi parar do outro lado do mundo, na Indonésia. Lá, mudou seu nome e inventou uma história mirabolante sobre seu passado. Como era um comerciante habilidoso e de sorte, rapidamente enriqueceu naquela terra distante.

Sete anos se passaram.

Rashid, agora um homem ainda mais rico, começou a sentir saudades de casa. Será que alguém ainda se lembrava daquele fatídico dia? Talvez Rania ainda estivesse à sua espera... Era improvável, mas não custava sonhar.

Tomada a decisão, ele começou sua longa jornada de volta. Mares, montanhas, terras habitadas e desabitadas, desertos... Até que, enfim, avistou seu oásis, seu lar. E, para não chamar atenção, entrou discretamente na cidade e se sentou em um banco, observando as pessoas. Foi quando reparou em um grupo de crianças que brincava por ali.

Uma senhora aproximou-se delas. Rashid a reconheceu de imediato. Ela, por outro lado, não fazia ideia de quem ele era. Uma das meninas puxou a mulher pela roupa e perguntou:

— Vó, a Samira me perguntou em que ano eu nasci.

A avó sorriu.

— Você sempre esquece, não é, Laila? Vou pedir para sua mãe colocar saliva de camelo em suas tâmaras, isso faz bem para a memória!

As crianças riram. Rashid segurou o riso.

— Mas, vó, fala logo, em que ano eu nasci?

A avó respondeu com naturalidade:

— Você nasceu, minha querida netinha, um ano após o Grande Peido do Rashid.

Rashid congelou ou ouvir aquilo.

— Está vendo, Samira? Falei que tinha sido um ano depois do Grande Peido!

As crianças voltaram a brincar. A senhora seguiu seu caminho. Rashid ficou simplesmente perplexo. Seu peido havia se tornado um marco temporal. Antes e depois do Grande Peido!

O mercador respirou fundo. Olhou para sua cidade. Pensou em Rania. E, então, deu meia-volta e foi embora.

Dizem que Rashid voltou para a Indonésia e acumulou uma fortuna incalculável. Mas nenhum ouro no mundo foi capaz de apagar a melancolia que o acompanhou até seu último suspiro.

E ainda contam que, se um dia você se perder num certo oásis das arábias, pode acabar ouvindo: "Isso aconteceu no terceiro século depois do Grande Peido do Rashid".

Tem lembrança que o tempo leva.
Tem lembrança que o tempo marca.

A dívida

Você, querido leitor, querida leitora, já ficou em dívida com alguém? Estou falando de dinheiro mesmo. Se nunca passou por isso, parabéns, é uma grande conquista! Mas ainda assim deve conhecer alguém que já ficou devendo na praça. E, se esse for o seu caso, saiba que não está só na multidão.

A próxima história, eu ouvi da boca de alguns contadores de histórias europeus e, em minhas pesquisas posteriores, encontrei versões dela em outras regiões.

Estevão era um homem bom, trabalhador, pai dedicado e marido presente. Nos últimos tempos, porém, andava à flor da pele. Ele havia sido criado com um senso rígido de honestidade e justiça, algo profundamente enraizado em seu ser.

Bernardina, sua esposa, às vezes brigava com ele por ser duro demais consigo mesmo. O homem não conseguia relaxar! Vivia obcecado com os boletos que não paravam de chegar, com os prazos das documentações, identidades, certidões mil... Tudo tinha que estar em dia. Mas, às vezes, o mundo joga contra nossas certezas. E foi exatamente isso que aconteceu com Estevão.

O marido de Bernardina, pai de três filhos adoráveis, perdeu o emprego no qual trabalhava havia muitos anos. O dinheiro da rescisão era bom e garantiria alguns meses de estabilidade enquanto ele procurava uma nova oportunidade.

Os meses foram passando, o dinheiro foi minguando e nada de encontrar um novo trabalho. A angústia de Estevão aumentava a cada dia. No mês seguinte, pela primeira vez na vida, ele não teria como pagar as contas.

Percebendo a inquietação do marido, Bernardina sugeriu:

– Fale com o Albertinho. Peça um dinheiro emprestado e, quando pudermos, devolvemos.

Albertinho era o vizinho da casa da frente. Sempre que precisara de alguma ajuda, Estevão nunca lhe negara um favor.

– Nunca pedi dinheiro para ninguém, não vai ser agora que vou começar – retrucou Estevão.

– Querido, engole esse orgulho! Você sempre ajudou os outros, agora precisa aceitar ajuda também. E é só por um tempo.

Estevão resistiu à ideia, mas, quando novos boletos começaram a chegar, o desespero venceu a dúvida. Entre ficar em dívida com Albertinho e ver seu nome sujo na praça, escolheu a primeira opção.

Bernardina mediou a conversa com o vizinho, que estava bem no trabalho e, ao saber da situação, não pensou duas vezes: emprestou uma boa quantia e combinaram a data de devolução.

Estevão agradeceu pessoalmente e jurou que devolveria tudo no prazo. Ele então começou a procurar um emprego como nunca. Foram entrevistas e mais entrevistas, currículos espalhados por todo lado, pequenos bicos que mal cobriam os gastos básicos. O dinheiro emprestado virou a última linha de defesa da família.

Com o passar dos dias, a angústia de Estevão só aumentava. O dinheiro estava acabando e o prazo para pagar Albertinho já estava chegando.

Na véspera do dia combinado, Estevão foi se deitar, mas não conseguia pregar o olho. Virava na cama, levantava, deitava, rolava, murmurava... Bernardina não aguentava mais tamanha agitação!

— Homem, vê se dorme! Vai dar tudo certo. Já comecei a procurar trabalho também. Fecha os olhos e tenta relaxar.

— Bernardina, não consigo parar de pensar na dívida com o Albertinho. Isso está me consumindo. Amanhã é o dia da devolução.

A mulher suspirou, levantou-se da cama, vestiu o robe e saiu de casa. Atravessou a rua e bateu na porta do vizinho. Meio sonolento, Albertinho abriu a porta:

— O que foi? Aconteceu alguma coisa?

Bernardina respondeu, direta:

— Sim. Preciso te avisar que o Estevão não vai conseguir te devolver o dinheiro amanhã. Boa noite.

Sem dar tempo para resposta, virou-se e voltou para casa. Quando se deitou novamente, Estevão perguntou, ansioso:

— E aí? O que você disse para ele?

— Pode dormir sossegado, Estevão. Quem vai passar a noite em claro agora é o nosso querido vizinho.

Por alguns segundos, o silêncio pairou no quarto. Então, como se um peso tivesse sido retirado de suas costas, Estevão começou a rir ao saber o que ela dissera a ele. Bernardina riu gostosamente junto. Riram tanto que chegaram a chorar. Havia séculos que não riam assim. Ele a abraçou, beijou e agradeceu.

— Você é um dos homens mais maravilhosos que conheço, só precisa aprender a relaxar um pouco. Estamos vivos, saudáveis, temos filhos lindos. Vai dar tudo certo.

Naquela noite, Estevão dormiu como não dormia havia anos. E, nas semanas seguintes, as palavras de Bernardina começaram a se concretizar. Estevão conseguiu um novo emprego, a dívida foi paga e, dali em diante, aprendeu a relaxar mais, rir mais e enfrentar a vida com um pouco mais de leveza.

> *Na vida, apenas duas coisas são certas:*
> *a morte e os boletos, que sempre chegam.*
> *No entanto, como escolhemos enfrentá-las é o*
> *que realmente importa.*

O sábio bem-humorado

No Capítulo 2, falei sobre um personagem que me acompanha há décadas, seja em leituras de livros antigos, seja em narrativas que ouvi nos diversos festivais de contadores de histórias que frequentei ao longo da vida. Estou falando do mestre Nasrudin. Gosto tanto dele que algumas pessoas que me conhecem bem até já me trouxeram livros de países distantes, como um que ganhei do Cazaquistão. Vou recontar aqui algumas de suas rápidas e bem-humoradas histórias.

Nasrudin estava sempre buscando um jeito de aumentar sua renda e teve uma ideia: montou uma pequena barraca com um letreiro chamativo, onde se lia em letras garrafais:

duas perguntas sobre qualquer tema:
apenas duas moedas de prata

Um homem que passava leu o cartaz, olhou para Nasrudin e perguntou:

— Mestre, você não acha que duas moedas de prata é um preço muito alto?

Nasrudin respondeu sem hesitar:

– Não! Qual é a sua próxima pergunta?

Tempos depois, Nasrudin arrumou um cachorro que era tão peculiar quanto seu dono, fazia coisas incríveis. Certa vez, por exemplo, em uma aldeia onde o mestre estava hospedado, os moradores ficaram boquiabertos ao verem o cachorro de Nasrudin jogando pôquer com três outros homens.

Ocorreu que Nasrudin e seu cão estavam observando atentamente o jogo. Um sujeito, pasmo com a cena, se aproximou e disse:

– Mestre! Seu cachorro é tão sábio quanto você. Parabéns pelo refinado adestramento.

Nasrudin sorriu e respondeu:

– Espere um pouco antes de elogiá-lo...

– Por quê? Ele está jogando pôquer! Isso é extraordinário!

– Sim, mas, assim que vier uma boa carta, ele vai começar a abanar o rabo!

Quando era criança, Nasrudin estudava em uma escola cujos professores eram bem rígidos. Um dia, o professor de matemática disse:

– Preparado para uma pergunta?

Nasrudin, sempre sincero, respondeu:

– Na verdade, não. Se quiser esperar um pouco, prometo que não vou ficar chateado.

A turma conteve o riso. O professor, já acostumado com a figura de Nasrudin, não se abalou. Se o garoto errasse a resposta, mais um belo zero adornaria sua caderneta.

– Não vou esperar coisa nenhuma. Vamos para a pergunta. Faça de conta que você é o seu pai...

Nasrudin o interrompeu:

– O meu pai de agora? Com fios brancos pela cabeça, olheiras, papada e narigão? Ou o meu pai quando era jovem, quando não tinha nada disso, fora, claro, o narigão?

O professor fuzilou Nasrudin com o olhar:

– Faz de conta que você é seu pai AGORA!

– Entendi. Não precisa ficar nervoso, professor.

– Bom, vamos lá. Você é seu pai e me pede 100 dinares emprestados…

– Cem dinares em moedas ou notas?

– TANTO FAZ, NASRUDIN! Fique quieto e ouça!

– Certo. Estou ouvindo.

– Eu lhe empresto os 100 dinares, mas exijo o pagamento com 6% de juros ao final do mês. Quanto dinheiro você teria que me devolver?

Nasrudin começou a mexer os dedos, olhando para cima e para baixo, como se fizesse cálculos complexos. Após alguns segundos, respondeu:

– Depois de um mês, eu sendo o meu pai, lhe devolveria exatamente 100 dinares.

O professor suspirou, exasperado:

– Eu sabia, você não entende nada de matemática!

Nasrudin, tranquilo, apenas sorriu e respondeu:

– E o senhor não entende nada sobre o meu pai.

Dessa vez, a turma não conseguiu segurar o riso. Mas o professor fingiu não ouvir e continuou a aula.

Mais tarde, depois da aula, Nasrudin correu para casa, morrendo de fome. Antes mesmo de lavar as mãos, elas já estavam enfiadas dentro do pote de pepinos em conserva. Seu pai entrou na cozinha e arregalou os olhos:

– Filho! O que é isso?! Vá lavar as mãos antes de enfiá-las no pote.

Nasrudin, sem se abalar, respondeu:

– Pai, aprendi na aula de matemática que a ordem dos fatores não altera o produto.

Mal terminou a frase e Nasrudin sentiu um vento passando ao lado do ouvido. O chinelo do pai havia voado em sua direção.

– Pai, e se na verdade for o pote que precisa ser lavado depois de conhecer a minha mão?

O pai abaixou a cabeça, resignado. Nasrudin se aproximou e observou atentamente os cabelos do pai.

– Pai... por que tem tantos fios brancos na cabeça? Parece que eles brotam diariamente, não acha?

O pai ergueu a cabeça devagar, fixou o olhar no filho e respondeu:

– Sim! E sabe por quê? Porque um filho que só faz perguntas e dá respostas absurdas deixa qualquer pai repleto de cabelos brancos!

Nasrudin bateu palmas, como se tivesse feito uma grande descoberta.

– Entendi!

– O que você entendeu, Nasrudin?

– Agora entendi por que o vovô tem aquela floresta branca de cabelos na cabeça.

Dessa vez, não deu tempo nem de sentir o vento do chinelo cortando o ar. Nasrudin fugiu porta afora antes que o próximo zunido atingisse sua orelha.

Rir de si mesmo é um grande passo rumo à felicidade.

Tirar la barretina al foc

O título desta história vem de uma expressão popular catalã, que significa "atirar o gorro ao fogo". A barretina era um gorro tradicional de lá, usado por camponeses e trabalhadores da Catalunha. Dizer que alguém "atirou a barretina ao fogo" significa desistir de algo, abandonar uma luta, jogar a toalha ou chutar o balde.

Em uma de minhas viagens à Espanha, me contaram uma história que, segundo dizem, pode ter inspirado essa expressão. Eu ri e refleti bastante ao ouvi-la, e agora compartilho com você.

Um pequeno agricultor estava descansando depois de um dia exaustivo de trabalho. Caminhava devagar, assoviando, rumo ao rio, onde queria se refrescar, sentar-se um pouco e, quem sabe, tirar uma sesta.

Ao chegar lá, surpresa! Flutuando na água, viu um lindo gorro verde, novinho em folha. Olhou para os lados, gritou para ver se alguém o reclamava, mas ninguém respondeu.

E, como seu avô sempre dizia, achado não é roubado, o agricultor apanhou o gorro. Que tecido fino! Mas, antes de colocá-lo na cabeça, sentiu algo dentro do forro: um pequeno pedaço de papel. Abriu e leu: "Ao vestir este gorro verde, você ouvirá os pensamentos dos outros".

O agricultor não acreditou naquela besteira, jogou o bilhete no rio e, sem pensar duas vezes, colocou o gorro na cabeça e seguiu para casa sem imaginar o que estava prestes a acontecer.

Ao chegar, viu seu vizinho encostado na cerca que dividia suas propriedades. Os dois estavam brigados. O vizinho o havia processado, alegando que as raízes de suas árvores haviam invadido o terreno e destruído parte dele.

Na verdade, o agricultor queria resolver tudo amigavelmente. Ele era um homem pacífico, mas a situação tinha fugido do controle. Resolveu tentar mais uma vez:

– Boa tarde, vizinho.

O vizinho respondeu apenas com um aceno seco, sem dizer uma palavra.

– Podemos conversar sobre nossa situação?

No instante em que disse isso, algo estranho aconteceu. Ele começou a ouvir os pensamentos do vizinho: "Eu não suporto esse homem! Qualquer dia, assim que a família dele sair de casa, coloco fogo em tudo isso!".

O agricultor ficou horrorizado. Saiu correndo dali direto para o vilarejo. Precisava falar com seu advogado urgentemente. Ao chegar ao escritório, a secretária o recebeu com um sorriso mecânico:

– O doutor já vai atendê-lo.

E, antes que ela dissesse qualquer outra coisa, ele ouviu seus pensamentos: "Detesto esse trabalho! Queria mesmo era ser dançarina profissional".

A porta se abriu sem dar tempo para o agricultor processar a informação, e o advogado o convidou a entrar. Assim que se sentou, o agricultor ouviu os pensamentos do homem: "Não aguento mais esse pentelho. Um simplório com esse gorro ridículo! Mal sabe ele que o caso já está perdido… O vizinho me deu um belo leitão como pagamento! Mas não posso dispensá-lo agora, ainda preciso arrancar mais dinheiro desse otário".

O agricultor não esperou nem uma palavra sair da boca do advogado. Levantou-se de súbito, lançou-lhe um olhar fulminante e saiu correndo. Ele precisava contar tudo para a esposa.

Chegou esbaforido em casa e foi logo contando para mulher como havia encontrado o gorro e o que tinha acontecido. Mas, enquanto falava, os pensamentos da esposa começaram a surgir em sua mente: "Como fui me casar com este traste? Não serve para nada! Ainda bem que o vizinho sabe como fazer uma mulher feliz". O agricultor congelou. Nunca havia desconfiado de nada!

Desesperado, saiu correndo para o quintal e trombou com sua filha adolescente. Antes que dissesse qualquer coisa, ouviu seus pensamentos: "Meu pai é um bobo mesmo. Não sei o que minha mãe viu nele! E ele nem desconfia que estou namorando o filho gato do vizinho".

Ele ficou ainda mais atordoado. Seguiu em disparada e deu de cara com seu filho mais velho. Antes que o rapaz dissesse qualquer coisa, lá vieram os pensamentos dele também: "Coitado do meu pai... Amo muito ele, mas é um ingênuo. Não enxerga um palmo à frente do nariz. Nem imagina que vou embora daqui para nunca mais voltar".

O agricultor não aguentava mais. Abraçou o filho, começou a chorar, arrancou o gorro da cabeça e marchou decidido até o quintal. Pegou gravetos, folhas secas, acendeu uma fogueira, esperou as chamas crescerem. Olhou para o gorro verde uma última vez... E o atirou no fogo com força.

– Não quero nunca mais ouvir os pensamentos dos outros. Prefiro a ignorância!

O gorro verde se contorceu e virou cinzas no calor das chamas.

Melhor não querer saber os
pensamentos mais íntimos dos outros.

Compreendendo os gestos

Enquanto escrevia este livro, pesquisei mental e bibliograficamente histórias que contei ao longo dos anos em encontros e palestras com o público adulto. De repente, me lembrei de uma história que muitos ouvintes sempre pediam para repeti-la, mas que ficara adormecida com o tempo... Até agora! Sorte sua. Ou não. Nunca se sabe. Adorei reencontrá-la na minha memória.

Em uma cidade distante, num tempo ainda mais distante, a população estava em polvorosa. A grande "Competição dos Sábios" aconteceria em breve! Esse evento ocorria a cada sete anos e reunia os dois maiores sábios da cidade, escolhidos durante o intervalo entre as competições. O detalhe curioso? Nenhuma palavra podia ser dita no duelo entre os homens, toda a disputa era realizada apenas por gestos.

A arena estava pronta. Não era nenhum Coliseu, mas comportava uma boa quantidade de espectadores. O público começou a encher as arquibancadas. Ambulantes vendiam comida, bebida e até bandeiras com os nomes dos competidores da noite: Serapião, um ancião de barba longa, careca, com orelhas bem torneadas e olhos profundamente azuis; e Lucanor, um homem de barba aparada, cabelos encaracolados, cego de um olho desde a juventude, e dono de orelhas de abano.

O evento estava animado. Antes do duelo houve apresentações de mágicos, domadores de leões e malabaristas. Tudo para entreter a multidão antes do momento mais aguardado. Então, as trombetas soaram. E o locutor do estádio gritou:

— Senhoras e senhores, a competição pelo título de homem mais sábio da cidade vai começar!

O público explodiu em gritos, torcidas e até alguns xingamentos ao juiz. Afinal, onde há juiz e plateia, você já sabe o que pode acontecer.

Serapião entrou calmamente no círculo central da arena. Lucanor fez o mesmo. Ambos vestiam a mesma túnica simples, típica de sábios.

O juiz fez um sinal para que se cumprimentassem e declarou:

— Lembrem-se: vocês não podem falar. Apenas gestos. A luta só termina quando um dos dois admitir a derrota.

A multidão foi ao delírio, mas logo silenciou. O duelo teve início.

Serapião foi o primeiro a agir. Ele ergueu o dedo indicador para cima.

Lucanor hesitou por um instante, mas logo respondeu, erguendo dois dedos para o céu, o indicador e o médio.

Serapião franziu a testa, pensou por um momento e levantou três dedos: o indicador, o médio e o anular.

Lucanor, ao ver esse gesto, respirou fundo, olhou Serapião nos olhos e, então, abriu a mão direita e sacudiu-a freneticamente.

Por um instante, o silêncio na arena foi total, algo estava para acontecer.

De repente, Serapião baixou a cabeça, suspirou e declarou:

— A luta terminou. Lucanor venceu. Ele é o homem mais sábio da cidade.

A multidão explodiu em gritos e aplausos. E, como era de costume nessas disputas, o povo começou a gritar em coro:

— Explicação! Explicação! Explicação!

Serapião ergueu as mãos pedindo silêncio e explicou para todos ouvirem:

— Quando levantei um dedo para cima, quis afirmar que existe apenas um Deus supremo. Ele então revidou, apontando dois dedos para cima, representando a dualidade do universo: luz e escuridão, bem e mal. Então, levantei três dedos, simbolizando a tríade da existência: nascimento, vida e morte. Por fim, ao sacudir a mão, ele queria mostrar que o universo é infinito e misterioso. Foi uma competição de altíssimo nível!

O público ficou encantado com a explicação. Orgulhavam-se de viver em uma cidade com sábios tão brilhantes.

Lucanor ouviu toda a explicação de Serapião em silêncio, apenas esboçando um pequeno e enigmático sorriso. Ele recebeu flores, troféus e dinheiro suficiente para comprar livros e passar um bom tempo no ócio criativo.

Ao voltar para casa, Lucanor foi cumprimentado por todos na rua. Quando entrou em casa, sua esposa, Agripina, já o esperava com um banquete preparado para o novo campeão da cidade.

— Você foi magnífico! Nunca vi tanta sabedoria caber na cabeça de um homem.

Lucanor olhou para a esposa, que também era sua melhor amiga e confidente, e disse:

— Agripina, posso te contar o que realmente aconteceu nessa disputa?

Ela se aproximou, ansiosa para ouvir a explicação diretamente da boca do campeão. Ele respirou fundo e disse:

— Bem… Serapião levantou um dedo para cima, e entendi que estava me dizendo que, para a minha infelicidade, tenho um olho só.

Agripina arregalou os dois olhos e perguntou:

— E o que aconteceu depois?

— Levantei dois dedos, querendo dizer: "E daí que você tem dois olhos, sabichão?". Então ele levantou três dedos, o que entendi como mais uma provocação, querendo dizer que era três vezes mais inteligente do que eu!

Agripina segurou o riso e perguntou:

— E por que você sacudiu a mão?

— Fiquei indignado com o gesto anterior e comecei a agitar a minha mão, querendo dizer que ele iria levar um tapão na cara se não parasse de me humilhar na frente de todos.

Por um segundo, houve silêncio na casa. Então, marido e mulher caíram na gargalhada.

— Você é um verdadeiro sábio, Lucanor. Agora, vamos comer.

E assim, entre risos e um banquete, o campeão da cidade celebrou sua inusitada vitória.

Cada um interpreta o mundo de acordo com sua própria visão, experiências e ilusões.

Milos, o Alquimista

O último conto deste capítulo é mais um daqueles que circulam pelo mundo, mudando de roupagem conforme a cultura, mas sempre preservando a essência da sua mensagem.

Um dos grandes sonhos de qualquer alquimista sempre foi descobrir a fórmula para transformar metais comuns, como o chumbo, em ouro. E esse era o propósito de vida de Milos, o Alquimista.

Milos vivia enfurnado em seu laboratório, cercado por frascos, pipetas, pós misteriosos, líquidos coloridos, livros e pergaminhos espalhados por todos os cantos. Sua obsessão pela Pedra Filosofal, a lendária substância capaz de realizar essa transmutação, era tamanha que toda sua herança familiar já havia sido torrada nessa busca aparentemente sem fim.

Ele sentia que faltava apenas um detalhe, um componente, um segredo não desvendado. Estava à beira da descoberta. Mas algo sempre lhe escapava.

Certo dia, exausto de tanto trabalho e insônia, resolveu dar uma caminhada pelo calçadão à beira-mar da sua cidade litorânea. Foi quando avistou um barco atracando no porto.

E então seus olhos se cruzaram com os de outro alquimista.

Alquimistas se reconhecem a distância: o olhar fixo, a túnica desgastada, os dedos manchados por substâncias químicas. Milos não hesitou: aproximou-se e puxou conversa. Era mesmo um alquimista estrangeiro, recém-chegado de uma jornada extraordinária. Milos o convidou para sua casa. O homem estava sujo, cansado e faminto. Depois de um banho quente, uma soneca e um belo banquete, os dois passaram horas conversando. Foi então que o alquimista viajante revelou:

– Descobri algo incrível. Existe uma mulher que detém o segredo final da Pedra Filosofal.

Milos arregalou os olhos, o coração disparou.

– E onde ela está?!

O alquimista ajeitou-se na cadeira e respondeu:

– Aí é que está o problema. Ela vive no topo de uma montanha no Himalaia. Dizem que poucos conseguiram chegar até lá. E os que conseguiram… nunca mais voltaram.

– E você? – Milos perguntou, quase sem respirar de tanta ansiedade.

– Eu tentei, cheguei até a metade do caminho. Mas… bom, olha meu estado.

Milos não pensou duas vezes. Mal o homem terminou a frase, já estava arrumando as malas.

– É, fiz a mesma coisa quando ouvi essa história… Não vou te julgar – disse o outro alquimista, balançando a cabeça.

Milos pegou as coordenadas exatas e, antes de sair, disse:

– Fique à vontade em minha casa. Se for embora antes de eu voltar, esconda a chave debaixo do assoalho da entrada.

E lá se foi Milos para a maior aventura de sua vida.

Meses depois, Milos estava irreconhecível: as roupas maltrapilhas, o corpo puro osso, sem um centavo no bolso, vivendo apenas da bondade alheia.

Mas nada disso importava. Ele estava perto. Muito perto. Sentia o cheiro da vitória. E então, finalmente, Milos avistou uma grande casa no topo de uma montanha nevada. "Só alguém que tem ouro poderia construir algo assim num lugar tão inóspito", pensou.

Sim, ele tinha chegado ao destino. E essa mulher mudaria sua vida para sempre. Bateu na porta. Ela se abriu. E ali estava a mulher mais deslumbrante que Milos já vira em toda a sua vida.

Por um instante, sentiu vergonha do seu estado deplorável. Mas a mulher não pareceu se abalar. Pelo contrário, a expressão dela era de quem já havia visto esse tipo de cena dezenas de vezes.

Sem dizer nada, fez com que ele entrasse, ofereceu-lhe um banho quente, serviu-lhe comida e ordenou que dormisse. Milos não tinha forças nem para agradecer. Apenas obedeceu e caiu em sono profundo.

Doze horas depois, acordou renovado. Vestiu as roupas novas deixadas pela mulher e, enfim, a encontrou.

– Obrigado por tudo – disse, com gratidão. – Mas você sabe por que estou aqui, não sabe?

A mulher, agora ainda mais bonita e sedutora que no dia anterior, sorriu de canto e respondeu:

– Claro que sei. Mais um alquimista em busca da Pedra Filosofal.

Milos tentou não se distrair com os lábios da mulher, mas era difícil. No entanto, ao ouvir as palavras "Pedra Filosofal", recuperou-se.

– Meu marido saiu para comprar mantimentos – disse a mulher –, mas vou explicar como você pode obter o segredo que falta para conseguir sua própria Pedra Filosofal.

Milos assentiu vigorosamente com a cabeça.

– Você tem o direito de me fazer uma única pergunta, não duas nem três, uma só! E se fizer mais que uma, rua!

Por isso pense bem o que me perguntará para eu responder e lhe dar o que você espera.

Milos, estava hipnotizado com a aquela mulher, ficou pensando, pensando e pensando, até que finalmente fez a sua pergunta:

– Quando o seu marido volta?

A carne é fraca.

Capítulo 4

A fé que move montanhas

*Quem busca o cume da montanha não
dá importância às pedras no caminho.*
Provérbio oriental

Falar de fé é sempre delicado. É algo muito particular e, se não formos respeitosos e atentos à nossa própria natureza humana, corremos o risco de menosprezar, diminuir ou até ridicularizar a fé do outro. Para mim, fé é coisa séria. Tenho amigos ateus que dizem não acreditar em nada com tanta convicção que chego a dizer que são mais crentes do que os próprios crentes. Como são bem-humorados, não brigam comigo. Mas que são pessoas de fé, isso são.

A palavra "fé" vem do latim "*fides*", um substantivo abstrato que significava convicção, firmeza, autenticidade e crença religiosa. Esse sentido se manteve até hoje em nosso cotidiano. Basta lembrar das filas (que eu detesto!) nos cartórios, onde o tabelião "dá fé" às escrituras públicas.

A fé está muitas vezes ligada a acreditar em algo sem provas concretas, sem o aval da razão. Para alguns, isso é incompreensível; já para outros, é tão palpável quanto o amor que sentimos por um filho. Alguns filósofos tentaram mostrar que somos muito mais do que a razão, que não é ela que nos governa a vida e nossas crenças. "O coração tem razões que a própria razão desconhece", disse Blaise Pascal no século XVII.

Aqueles que acreditam ter total controle sobre suas ações, que acham que a razão é a força dominante nas decisões humanas, talvez não estejam prestando atenção no mundo ou em si mesmos. Ataques de fúria, ciúme, inveja incontrolável, paixões avassaladoras por pessoas que a razão dificilmente aprovaria... Os exemplos são inúmeros. No século XVIII, outro filósofo, David Hume, provocou essa reflexão ao afirmar: "A razão é, e deve apenas ser, escrava das paixões, e nunca pode pretender servir a outro ofício que não seja o de lhes obedecer e servi-las". O escocês sabia que estava exagerando, mas queria nos fazer pensar sobre a ilusão de que sabemos e controlamos tudo.

Quando criança, eu acreditava que o sol e a lua me perseguiam quando estava no carro. Achava que seres fantásticos faziam parte da vida cotidiana e que meus pais eram infalíveis. Crianças são seres de fé, e isso é bom! Crescer com certezas, segurança e confiança (com + *fidelis*) estrutura a vida infantil e nos prepara para as incertezas, inseguranças e desconfianças que virão lá na frente.

Na juventude, mergulhei no ceticismo. A razão me dizia que ter fé, acreditar no que não podemos ver, não fazia sentido. Mas, ao longo da trilha do amadurecimento (ou seja, do sofrimento), minha certeza sobre a certeza começou a se esvair. Aos poucos, tornei-me um agnóstico, aquele que não tem certeza sobre a certeza. Pode ser que o intocável exista, mas pode ser que não. E então, finalmente (ou pelo menos, por ora), a crença, a fé naquilo que não podemos compreender, na possibilidade de algo maior que nosso próprio ego e tudo ao redor, adentrou a minha vida. Isso me tornou menos questionador, curioso, rebelde? Muito pelo contrário. A fé pode mover montanhas, mas, para isso, precisa de uma ajudinha nossa.

Espero que as histórias seculares e algumas milenares que escolhi para este capítulo alcancem a sua razão, mas, principalmente, o seu coração.

A segunda chance

No começo dos anos 2000, eu me encontrava frequentemente com grupos de executivos de vários cantos do Brasil. Na época, era colaborador de uma empresa de treinamento e ao longo dos anos centenas, talvez milhares, desses profissionais me ouviram falar sobre o poder transformador das histórias. Depois desses encontros, muitos gerentes e diretores de multinacionais e empresas nacionais me convidavam para palestrar dentro de suas organizações. Foi um período de muitas viagens, no qual conheci pessoas fora do meu círculo habitual. Uma experiência riquíssima.

Aliás, foi nessa época que, pela primeira vez, conheci um hotel dito seis estrelas, quando fui convidado a dar uma palestra na Flórida, Estados Unidos. Confesso que até me diverti escolhendo entre travesseiros de plumas de ganso ou de avestruz (ou algo do gênero), mas o mais bacana foi o trabalho e o contato com repertórios individuais tão diferentes dos meus. E foi justamente em um desses encontros que um executivo me contou a história que vou recontar agora. Ela fala sobre fé, não somente no sentido religioso, mas no sentido mais humano e essencial: a fé no outro ser humano. Com o tempo, encontrei essa história em diferentes versões. Esta é a minha.

Um homem nascido em uma família muito pobre e sofrida decidiu, ainda criança, que venceria na vida. Ele sabia o caminho: muito estudo, trabalho, fé em Deus e a certeza de que a jornada sempre teria grandes pedras no caminho. E assim foi.

Desde pequeno, estudou mais do que todos os amigos. Trabalhou desde a primeira oportunidade que apareceu e, tão logo pôde, começou a ajudar nas contas de casa. Seus pais sentiam um orgulho imenso do filho. E, com uma grande força interior, dedicação e trabalho árduo, os resultados começaram a surgir.

Desde a juventude, o rapaz era apaixonado pela filha da vizinha, que tinha muito em comum com ele: também era uma pessoa de fé, acreditava nos estudos e no trabalho. O amor floresceu, e os dois se casaram. Juntos, prosperaram.

O homem ajudou os pais até o fim da vida deles e ficou arrasado quando os perdeu em um trágico acidente de trânsito. Depois de superar a dor, jurou que nunca deixaria faltar nada para a própria família. Sim, ele e a esposa tiveram um filho.

Com o tempo, o casal ficava cada vez mais rico. Construíram um verdadeiro império – fazendas, imóveis, um patrimônio imenso. O filho deles nasceu em uma realidade completamente diferente. Nada lhe faltava. Pelo menos, materialmente. Cada aniversário era um acontecimento. Tudo o que o pai não teve na infância, ele fazia questão de proporcionar ao filho. "Não quero que ele viva o que eu vivi", pensava.

A mãe, por sua vez, também mimava o menino. Seus desejos eram prontamente atendidos. Frustrações? Não duravam nem sequer um milissegundo.

Mas o tempo, sempre o tempo, cobra seu preço. Construir um império exige tempo, e o casal dedicava boa parte das suas horas ao trabalho.

E assim, como você já deve imaginar, o filho cresceu arrogante, orgulhoso, prepotente, sentindo-se dono do mundo. Os pais percebiam, mas não tinham tempo para corrigir o rumo. Pelo contrário, acreditavam que mais bens materiais supririam o que ele mais precisava: presença, convívio e limites amorosos.

Os problemas vieram. O jovem começou a beber, a se envolver com drogas e jogos de azar. Largou a faculdade, não queria saber de nada. Sempre que se via em apuros, o dinheiro o salvava. Os pais tentaram interná-lo diversas vezes. Amavam o filho, mas percebiam que o tempo estava voando e o quanto tinham se equivocado na sua educação. Algo precisava acontecer para fazê-lo mudar.

É como alguns dizem: o mundo não anda, capota. O grande chacoalhão veio, ou pelo menos parecia ter vindo. A mãe ficou gravemente doente, uma doença rara, agressiva e incurável. Pela primeira vez, pai e filho pararam tudo para cuidar daquela mulher. Mas, infelizmente, não havia o que fazer e ela morreu.

O marido ficou devastado. Decidiu abandonar os negócios. Já tinha um patrimônio gigantesco e não queria mais aquela vida. O filho, por outro lado, mergulhou ainda mais fundo no abismo.

Dessa vez, o pai decidiu que faria algo para salvá-lo. Passou a dedicar tempo e amor ao filho, mas nada mudou. Os anos passavam, e o filho continuava perdido. O homem, já sentindo o peso da idade e vendo o filho beirando os 40 anos, sem família, sem propósito na vida, sem nada, resolveu fazer uma última tentativa.

Chamou o filho para almoçar e contou toda a sua trajetória. Falou do amor e da saudade da esposa. Depois do almoço, levou o filho até um de seus prédios mais altos. No terraço, entraram em um helicóptero e sobrevoaram por horas terrenos, prédios e fazendas ao redor da cidade, tudo que o homem havia acumulado, fruto de muito trabalho.

Ao pousar, levou o filho a um lugar que ele nunca conhecera: a casa em que vivera na infância. Um lugar simples, mas cheio de lembranças. O homem nunca quis se desfazer do imóvel, era um local que o ajudava a se lembrar de onde tinha vindo, de suas origens.

– Filho, nunca te trouxe aqui. Esta foi minha primeira casa. Aqui tudo começou.

O jovem olhava o lugar com indiferença.

O pai o conduziu até o quintal. Lá, apontou para o teto com vigas de madeira e, chorando, disse:

– Quero que me prometa uma coisa.

O filho, desconcertado com aquele choro, assentiu.

– Eu não vou viver para sempre. Quando eu me for, você herdará uma fortuna imensa. Você viu parte dela no helicóptero hoje de manhã.

– Pai, para com isso! Você ainda tem muitos anos pela frente.

O pai se aproximou, fez um carinho no filho e, com os olhos marejados, continuou:

– Quero que me prometa que, se acabar com tudo o que vou deixar para você, você virá até aqui, pegará um banquinho, uma corda e se enforcará na viga onde talhei um X!

O filho arregalou os olhos.

– Pai, que loucura é essa?!

O pai, aos prantos, gritou:

– Prometa! Por sua mãe, prometa!

O filho, sem saída, abraçou o pai e prometeu.

A vida seguiu. O pai carregando uma melancolia que não o abandonava. O filho, na gandaia de sempre.

Então, o dia chegou. O pai morreu.

O filho, devastado, afogou a dor nos mesmos vícios. Como previsto, em poucos anos, a fortuna virou pó. Sem um tostão e sozinho na vida, lembrou-se da promessa. Apanhou a chave da casa dos avós, pegou um ônibus e foi até lá.

Ao entrar, sentiu o cheiro de mofo, mas, dessa vez, ele não tinha o olhar de indiferença da primeira visita. Foi ao quintal, pegou uma corda, arrastou uma cadeira bamba, viu o X na viga, jogou a corda e fez o laço. Subiu na cadeira e, sem pensar muito, empurrou-a com os pés.

E então... A viga rachou e caiu no chão, assim como o homem, que começou a chorar compulsivamente:

– Nem para isso eu sirvo... Minha vida foi um desperdício total!

Ao se levantar, o homem olhou para viga rompida e percebeu que estava oca; aquilo não era natural, parecia ter sido obra da mão humana. Ele pôs a mão dentro de uma das partes e retirou uma caixa. Abriu-a e encontrou uma fortuna em pedras preciosas. Preso à tampa, um bilhete: "Filho, eu acredito em você. Esta é sua segunda chance. Tenha fé, estude, trabalhe e ame. Com amor, seu pai".

O homem ainda chorava, mas seu coração foi se acalmando. Agora agarraria a sua segunda chance com unhas e dentes. Ele reconstruiu a sua vida. Investiu a fortuna herdada ajudando as pessoas ao seu redor. Apaixonou-se e teve um filho que, ao contrário dele, teve o tempo do mundo ao lado de um pai amoroso e presente.

*Acreditar até o fim
pode fazer toda a diferença.*

Um homem sem fé

Sempre gostei de ouvir e pesquisar histórias do Oriente, berço de grandes civilizações, lar de mestres espirituais e inventores da mais poderosa e revolucionária ferramenta de todos os tempos: a escrita. Sem ela, o mundo como conhecemos não existiria e você não estaria lendo este livro, seja em um suporte de papel, seja em uma tela. A escrita e a leitura mudaram tudo.

O Oriente também nos legou uma sabedoria imensa, e, muitas vezes, essa sabedoria se manifesta em pequenas histórias como a que vou recontar agora.

Na antiga Índia, um discípulo caminhava ao lado de seu guru, Rama. O aprendiz dizia ter muita fé nos ensinamentos do mestre. Durante a caminhada, o silêncio imperava. Rama sempre repetia: "O fruto da árvore do silêncio é a paz do espírito".

Ao chegarem à beira de um rio, o discípulo, lembrando-se das histórias que já ouvira sobre Rama, quebrou o silêncio:

— Mestre, é verdade que o senhor é capaz de andar sobre as águas?

Rama olhou carinhosamente para ele e respondeu:

– Sim. E não apenas eu. Quem tem fé no coração também pode fazê-lo.

O discípulo ficou atônito.

– Mas eu sou um homem de fé! – exclamou. – Vou atravessar o rio caminhando sobre suas águas.

O guru assentiu, sem dizer nenhuma palavra.

O discípulo fechou os olhos, respirou fundo e deu o primeiro passo. Milagre! Seu pé não afundou. Tomado por uma alegria intensa, continuou caminhando. Cada passo era uma celebração, um êxtase.

Mas, no meio do rio, a euforia lhe despertou um desejo: queria ver a reação de Rama. Parecia aquele comportamento corriqueiro de uma criança querendo ver se o pai está olhando suas proezas. O aluno também queria saber se seu mestre estava testemunhando aquele feito extraordinário.

O aprendiz então virou-se e olhou para trás, e lá estava Rama, sentado sob a sombra de uma árvore, mordiscando calmamente uma maçã, olhando para o horizonte como se nada de especial estivesse acontecendo.

O discípulo sentiu ondas de pensamentos atropelando a sua mente: "Ele está me ignorando? Não me dá valor por algo tão grandioso? O que eu sou para ele?". E, com cada dúvida que o invadia, seus pés começaram a afundar.

Quanto mais a dúvida crescia, mais rápido a água o tragava. Até que, sem perceber, estava completamente submerso nas águas da incerteza. Desesperado, nadou de volta à margem.

O discípulo então se secou com um tecido que o mestre lhe ofereceu. Depois, ambos seguiram caminhando em silêncio em direção ao desconhecido.

A fé não comporta a dúvida.
Mas a dúvida pode levar à fé.

Pode acreditar, funciona!

Não sei se você já notou, mas gosto de recontar histórias em que o deserto faz parte do enredo. Para mim, é uma imagem simbólica, arquetípica e extremamente poderosa. Tive o privilégio de estar algumas vezes no deserto. Quando jovem, quase morri congelado (sou exagerado, não repare!) ao dormir em um local onde de manhã fazia um calor de rachar, mas à noite eu e meus amigos tremíamos de frio.

O deserto representa perfeitamente a jornada individual e coletiva que todos nós enfrentamos na Terra. Caminhamos por ele na esperança de encontrar um oásis, sem perceber que, muitas vezes, ele esteve dentro de nós o tempo todo. Não é à toa que grandes figuras religiosas passaram por desertos, enfrentando desafios e batalhando contra as areias que os cegavam para aquilo que realmente importa: nosso autoconhecimento. O próximo reconto tem como pano de fundo um enorme e perigoso deserto.

O Saara se estende por doze países africanos e é o deserto mais quente e famoso do mundo. E foi justamente essa fama que levou Albert, um turista de outro continente, a embarcar em uma expedição para viver uma aventura inigualável; pelo menos era isso que dizia o folheto que vendia esse roteiro para viajantes do mundo inteiro.

A caravana em que Albert estava era composta por diversos camelos, viajantes de várias partes do mundo e os tuaregues, seus guias e um dos povos mais antigos do Saara. Todos vestiam roupas leves e longas, que protegiam tanto do calor escaldante do dia quanto do frio cortante da noite. As bagagens estavam abastecidas com comida, água e boas barracas.

A expedição começou e, já nas primeiras horas da jornada, Albert entendeu o que o folheto queria dizer. O silêncio quase absoluto, quebrado apenas pelo vento moldando as dunas e a vastidão do deserto fizeram com que ele se sentisse pequeno, mas não de um jeito ruim e sim como parte de algo maior. É preciso cada grão de areia para formar uma linda duna. Albert era um homem solitário, alguém que se sentia invisível em um mundo que muitas vezes não fazia sentido para ele, e no deserto ele começou a se transformar.

Mas foi à noite que o deserto o tocou ainda mais profundamente. O céu, cravejado de estrelas, parecia colocá-lo diante de um mar de possibilidades. Dentro de uma grande barraca montada pelos tuaregues, Albert comeu, bebeu e ouviu histórias do povo do deserto.

Os dias seguintes foram ainda mais extraordinários. Seu entusiasmo pela vida começou a desabrochar justamente ali, em um dos lugares mais secos e inóspitos do mundo. Porém, tudo mudaria no dia seguinte.

Ao acordar, Albert ajudou o grupo a recolher os apetrechos do acampamento. Amarrou os suprimentos nos camelos, auxiliou outros viajantes a montarem nesses animais extraordinários e mastigadores incansáveis, os famosos ruminantes.

A expedição recomeçou e, após dez minutos deserto adentro, Albert percebeu que havia esquecido seu diário no acampamento. Sem avisar os guias e sendo o último da fila, puxou as rédeas de seu camelo, que batizara de Camil, e voltou para buscar aquelas palavras nascidas na areia e que talvez nunca mais seriam replicadas.

Ao chegar ao local, desmontou de Camil (aliás, a descida de um camelo é uma experiência inesquecível), encontrou seu diário e se preparou para partir. Mas, ao tentar subir novamente, Camil se assustou e saiu em disparada, levando consigo todos os suprimentos essenciais para a sobrevivência num deserto.

Albert ficou paralisado, o coração disparado. Tentou se acalmar, convencendo-se de que os guias perceberiam sua ausência e voltariam para buscá-lo.

Conforme as horas passaram e o sol escaldante castigava o seu corpo, a certeza foi se esvaindo como areia entre os dedos. Ele tomou então uma decisão: caminhar. Sabia que, no deserto, as dunas mudam de posição com o vento, apagando qualquer referência visual. Ficar parado poderia ser ainda pior.

Albert andou por horas e encontrou nada além de areia e mais areia. A sede era insuportável e o desespero começou a brotar em seu coração. Tudo o que sentira nos dias anteriores começou a se dissipar como miragens ao vento.

A primeira noite foi cruelmente fria. Ele dormiu pouco, encolhido, tremendo. Na manhã seguinte, reiniciou sua busca. Subiu e desceu dunas, gritou ao vento, procurou algum sinal de vida. Essa cena se repetiu por três dias seguidos. Seus lábios estavam inchados e rachados, o corpo quase colapsando, e sua esperança sendo esmagada pelo sol indiferente ao seu sofrimento.

Quando suas últimas forças estavam se esgotando, Albert avistou algo ao longe: uma linda tamareira que se erguia no meio do nada. Seria uma miragem? Ao seu lado, uma bomba de água enferrujada.

Ele coçou os olhos, piscou, mas a imagem continuava lá. Com os poucos resquícios de energia que lhe restavam, arrastou-se até a sombra da árvore, onde finalmente pôde descansar.

Mas então a sede reapareceu com fúria. Ele tirou energia lá do fundo da sua alma, se levantou e foi até a bomba. Começou a balançar a manivela: bombeando, bombeando e bombeando sem parar. Nada acontecia, além do barulho metálico e seco que saía das engrenagens.

Desolado, Albert se sentou sob a tamareira e olhou para o céu, aceitando seu destino. Mas, ao quase desistir, notou algo preso no lado oposto da bomba: uma garrafa vedada com uma rolha e um bilhete.

Com dificuldade, rastejou até lá e pegou a garrafa. Abriu o bilhete e leu: "Para funcionar, a bomba precisa ser preparada com toda a água desta garrafa; despeje-a toda no vão da manivela. E, por favor, não se esqueça de deixá-la cheia antes de ir embora".

Albert não podia acreditar. Ele arrancou a rolha com a boca e viu que a garrafa estava cheia de água. Água! Estava prestes a beber o líquido da vida, quando algo o deteve. E se a carta fosse verdadeira e funcionasse? Se ele bebesse somente a água da garrafa, mataria a sua sede momentânea, mas não aguentaria muito tempo no meio do deserto com apenas aquela quantidade de água.

Um verdadeiro de dilema de vida e morte assombrou o espírito dele, mas tomado por uma força que jamais sentira, a de poder acreditar em sua intuição e segui-la, Albert derramou toda água no vão da manivela e começou a bombear como se estivesse fazendo uma massagem cardíaca num homem à beira da morte.

Os rangidos começaram como antes, metálicos, mas o barulho foi mudando e o primeiro fio de água cristalina começou a jorrar. Albert, com olhos molhados, foi enchendo a garrafa e bebendo-a aos poucos, mas constantemente. Adormeceu na sombra da tamareira e teve forças até para alcançar aquelas frutas adocicadas como mel e se deliciou com tâmaras do Saara.

Após três dias, Albert estava pronto para caminhar novamente. Antes de partir, encheu a garrafa, vedou-a com a rolha e, ao colocá-la de volta onde a encontrara, percebeu um caderninho com um lápis. Pegou o bilhete original e acrescentou uma mensagem: "Pode acreditar, funciona".

Dois dias depois, Albert foi encontrado por um dos tuaregues da expedição. O guia, ao ouvir sua história, sorriu e disse:

– Você viveu uma experiência inigualável!

Albert lembrou imediatamente do folheto da agência e sorriu para si mesmo. Subiu no camelo do tuaregue e iniciou sua jornada de volta, levando consigo uma lição que jamais esqueceria.

> *Precisamos acreditar que,*
> *ao entregarmos o melhor que temos,*
> *sempre receberemos muito mais de volta.*

Os sinais

Descrevi no início deste capítulo como fui me transformando interiormente com o passar dos anos e de algumas vivências que abalaram as minhas certezas. Nunca contei publicamente o que vou compartilhar agora com você e, tomara, com muitos outros leitores.

Vou então quebrar a regra que eu mesmo estabeleci para este livro. E se você está lendo estas palavras, é porque a editora também concordou com essa pequena transgressão literária. Em vez de um conto secular ou milenar, é a minha história pessoal que será a protagonista.

Já tive experiências com alguns fenômenos que, racionalmente, nunca consegui explicar. Para ser honesto, nunca tive grande vontade de investigá-los também. Temos medo daquilo que não conhecemos e, em especial, do que não conseguimos controlar.

Quando meu pai morreu – falei um pouco sobre isso no capítulo sobre a finitude – passei duas, três semanas completamente fora do eixo. Uma das coisas que fiz nesse período foi começar a usar algumas de suas roupas e acessórios:

relógio, correntes, pulseiras… Achava que, assim, estaria mais próximo dele.

Como também mencionei antes, ele era maratonista, levava uma vida bem saudável. Eu, por outro lado, trabalhava e viajava sem parar e nunca tinha pisado em uma academia. Não era exatamente um sedentário, porque parte do meu trabalho – não de escritor, mas de professor e palestrante – me fazia estar sempre em movimento.

Como herdei de meu pai as roupas de corrida, além do relógio e o cinto de peito mais moderno da época, um Polar, para medir os batimentos cardíacos, decidi que começaria a correr. Não procurei médicos, não fiz exames. Apenas decidi e pronto. E daria o pontapé inicial nessa empreitada atlética assim que surgisse uma oportunidade. E ela surgiu.

Fui convidado para palestrar em Belo Horizonte mais ou menos três semanas depois da morte de meu pai. Viajei com uma mala de bordo e dentro dela o vestuário completo para corredores urbanos.

Cheguei à tarde na cidade, dei a palestra à noite. Tive a impressão de que a palestra não tinha sido muito boa, mas os executivos da empresa contratante amaram e no fim das contas era isso que importava. Voltei para o hotel e coloquei o despertador para as cinco da manhã. Meu voo era quase na hora do almoço, então daria tempo para o início da minha jornada rumo à São Silvestre.

O despertador tocou. Levantei sem hesitar e me vesti como um corredor profissional. Ao colocar o cinto no peito e o relógio, me senti o próprio Ayrton Senna em uma cena icônica dele correndo na praia com o mesmo cinto e relógio. Comi uma banana e desci pelo elevador. Ainda estava escuro. Olhei as ruas vazias e decidi correr. Na esteira? Não. Pelos arredores do hotel, ora; meu pai corria na rua e era assim que eu faria.

Não me aqueci. Não me alonguei. Apenas comecei a correr por ruas que nunca tinha visto antes na vida. Logo fiquei ofegante. Olhei o relógio: meu coração disparado. Mas não dei importância. Pior: acelerei ainda mais. Foi quando ouvi, nítida, a voz do meu pai:

— Filho, para de correr.

Ignorei. Achei que era coisa da minha cabeça, o delírio de um filho em luto, tomado pela raiva de uma perda tão dolorida. E, como dizem, dobrei a aposta. Acelerei ainda mais. A voz veio de novo, desta vez mais forte, enérgica.

— Filho, para de correr!

No exato momento em que ouvi esse segundo pedido, um poste bem acima de mim explodiu. A lâmpada estourou, o vidro se quebrou e pedaços caíram rente ao meu corpo. Parei de correr.

Olhei para o poste apagado, o único escuro naquela rua, e disse:

— Tá bom, pai. Vou parar de correr.

Voltei andando para o hotel, chorando. Assim como choro agora, ao contar isso publicamente pela primeira vez. Tomei banho, me vesti, fui para o aeroporto e peguei meu voo de volta para casa. Com o tempo, a dor foi se assentando, o luto sendo elaborado aos poucos.

E a voz? O poste? A explosão da luz? Ao compartilhar esse relato com você, me lembrei da frase de um romancista francês, cujo personagem dizia:

As coincidências são piscadelas de Deus.

Médicos não existem

Voltemos aos nossos recontos que atravessam diferentes culturas e tempos. A próxima história já me foi narrada em versões cujos protagonistas eram um aluno e seu mestre ou um cliente e seu barbeiro; aqui os personagens centrais são um médico experiente e um jovem residente de medicina.

Tiago, desde criança, sonhava em ser médico. Ele vinha de uma família simples. Nunca lhe faltou o básico, e seus pais trabalhavam duro para oferecer a ele e ao irmão algo que ninguém jamais poderia lhes tirar: o conhecimento. Os dois reconheciam esse esforço e se destacavam na escola, sempre apresentando boletins com notas boas. Além do foco absoluto na educação, a família era unida por uma fé inabalável no poder de Deus.

Os irmãos cresceram e começaram a traçar os seus caminhos. O caçula ingressou em administração, sendo aprovado de primeira no vestibular de uma prestigiada universidade pública. Tiago, ainda mais estudioso que o irmão, imaginou que seguiria o mesmo percurso, mas não foi tão simples. Passar em medicina era um desafio herculéo.

Ele precisou de três anos de cursinho comunitário até que finalmente foi aprovado em uma das melhores faculdades de medicina do país. A alegria familiar era indescritível. Mas aquilo era apenas o começo. Vieram anos de estudo intenso, dificuldades financeiras para comprar livros, e bicos nos fins de semana para ajudar em casa. Mas Tiago sabia o que queria e nada o desviaria de seu caminho.

Na faculdade, Tiago conheceu o Tomás, um médico experiente, filho e neto de profissionais renomados nas suas especialidades. Amava a sua profissão e, desde pequeno, ficava fascinado com o avental branco do pai e do avô. Seu brinquedo favorito não era carrinho nem bola, mas o estetoscópio que o pai lhe dera de presente.

Tomás jamais se esqueceu da primeira vez que o pai o levou ao hospital em que trabalhava. O olhar dos pacientes, o carinho e a atenção que seu pai dedicava a cada um deles, que o abraçavam, emocionados, em agradecimento. Depois daquela visita, ele teve certeza: queria ser médico quando crescesse.

A família de Tomás tinha excelentes condições financeiras, mas seus pais sabiam que a maior herança que poderiam deixar ao filho era algo que ninguém jamais poderia lhe tirar: o conhecimento. Proporcionaram-lhe as melhores escolas e o melhor cursinho para ajudá-lo a concretizar seu sonho. A família de Tomás não era religiosa; a ciência era o centro de tudo. Seus pais o incentivavam a ser curioso e questionador e mostravam-lhe o valor do amor e da bondade para o crescimento pessoal.

Tomás se formou em medicina como o primeiro da turma, fez residência no exterior e, ao voltar, começou a clinicar. Mas o que mais amava era estar no hospital público, cuidando dos pacientes e ensinando aos novos residentes.

— Doutor Tomás, posso fazer uma pergunta?

— Qual o seu nome, doutor?

— Meu nome é Tiago, estou no primeiro ano da residência.

— Claro, pode perguntar.

– Hoje, uma paciente com um prognóstico muito ruim me abraçou no final da visita e começou a chorar. Eu não sabia se era certo, mas retribuí o abraço, me sentei ao lado dela em silêncio e segurei a sua mão. Ela se acalmou, me olhou e fez um gesto de agradecimento.

Outros residentes que ouviram o relato de Tiago ficaram visivelmente contrariados com sua atitude.

– Doutor Tiago, você fez o que seu coração mandou. E você bem deve saber que o coração continua batendo indiferente aos nossos desejos.

Os residentes se entreolharam, surpresos com a resposta de Tomás. Tiago abriu um sorriso e, corajosamente, fez uma pergunta inusitada.

– Então, o senhor acredita em Deus?

Uma balbúrdia tomou conta dos residentes. Todos se voltaram para Tomás, que, sério, respondeu:

– Primeiro, é muito bom poder dialogar com alguém que tem coragem de fazer perguntas difíceis. E segundo, não, eu não acredito em Deus. Se Ele existisse, não permitiria que eu testemunhasse tanto sofrimento todos os dias.

Um silêncio pesado se instalou no ambiente. Tiago recolheu-se e voltou à sua prancheta de anotações. No fim do plantão, exausto, Tiago trocou de roupa e saiu do hospital. Perto dali, na estação de metrô, viu um morador de rua, pele e osso, com feridas pelo corpo. No mesmo instante, uma ideia iluminou sua mente. Ele virou-se e correu de volta ao hospital; parando diante da sala de Tomás, bateu à porta.

– Doutor Tiago? Ainda aqui?

– Sim, queria lhe dizer uma coisa.

– Claro, diga.

– Acredito que os médicos não existem.

Tomás franziu o cenho.

– Como assim, doutor? Médicos existem. Estamos cercados por eles neste hospital.

– Se médicos existissem, eu não teria acabado de ver um homem doente e ferido ao lado da estação de metrô.

Tomás, intrigado, decidiu ver aonde Tiago queria chegar e retrucou:

– O que posso dizer é que esse homem está assim porque não veio até nós. Como poderíamos ajudá-lo se ele não nos procurou?

Tiago sorriu e respondeu:

– Agora o senhor entende por que algumas pessoas não acreditam em Deus.

Tomás ficou pensativo.

– Você está me dizendo que Deus existe, mas nem todos o procuram?

Tiago assentiu. Tomás se aproximou e, depois de um instante de silêncio, perguntou:

– Quer comer e beber algo comigo na lanchonete da esquina?

– Sim, com certeza! Mas antes quero voltar lá na estação de metrô e limpar as feridas daquele homem.

– Você não inventou essa história?

– Claro que não.

Os dois foram até o morador de rua, ajudaram-no e o orientaram a procurar atendimento no hospital no dia seguinte. Depois seguiram até a lanchonete e passaram horas conversando.

Tomás e Tiago tornaram-se grandes amigos. Um nunca conseguiu convencer o outro de suas crenças ou descrenças, mas ambos sabiam o que os unia: o desejo sincero de fazer o bem e ajudar aqueles que necessitavam deles.

> *Acreditar e agir são forças complementares no caminho para a realização.*

Sonhar e fazer

Existe uma frase atribuída a Johann Wolfgang von Goethe, poeta alemão nascido no século XVIII, que me veio à mente assim que pensei em recontar a próxima história: "Pensar é fácil, agir é difícil, mas agir de acordo com o que pensamos é a coisa mais difícil do mundo".

Teresa nasceu em uma família de inventores. Cresceu cercada por engenhocas e mecanismos curiosos. Seus pais incentivavam todos os filhos a serem criativos, e Teresa não ficava de fora, mesmo vivendo em uma época em que as mulheres tinham poucas oportunidades de romper os papéis preestabelecidos por uma sociedade dominada pelos homens.

A menina rapidamente começou a se destacar entre os irmãos. Era a mais talentosa na construção de suas invenções. Mas tudo isso acontecia apenas dentro do ambiente familiar.

Vizinhos, amigos da família, parentes e até professores alertavam aos pais sobre a inadequação de uma mulher ter talentos tão aflorados e fora do padrão.

– Como ela vai arranjar um marido?

– E quando vai aprender a costurar, cozinhar e cuidar

de uma casa?

Os pais de Teresa, porém, não davam ouvidos a esses comentários e continuavam apoiando incondicionalmente a filha.

Teresa cresceu junto com seus sonhos criativos. Um dia, teve uma ideia extraordinária! Uma invenção que revolucionaria uma área específica da engenharia. Contou a ideia ao pai, que ficou boquiaberto.

— Teresa, mãos à obra! Isso demandará muito do nosso tempo, mas valerá a pena.

No entanto, ao ouvir a palavra "tempo", Teresa congelou. Lembrou dos comentários dos vizinhos, parentes... Olhou para o pai e murmurou:

— Eu não sei se tenho tempo... nem coragem para seguir em frente.

O pai tentou conversar com ela, incentivá-la, mas uma sombra parecia ter pousado sobre sua alma. A partir daquele dia, Teresa se recolheu. Passou a ficar mais tempo em seu quarto e a ajudar mais nos afazeres domésticos, algo que nunca lhe interessara, pois a afastava de seus projetos e invenções.

Os dias se transformaram em semanas. As semanas, em meses. A vida de Teresa havia parado. Então, certa manhã, o pai acordou e lembrou-se de algo que poderia ajudar a filha.

— Teresa, vista-se. Vamos dar uma volta a cavalo.

Ela resistiu. Não queria sair de casa. Mas o pai insistiu, e ela acabou cedendo. Depois de algumas horas cavalgando, chegaram diante de um grande rio.

— Pai, o que estamos fazendo aqui? Cavalgamos por tanto tempo e agora estamos presos diante da água.

— Teresa, desça do cavalo e amarre-o naquela árvore.

Ela obedeceu, sem entender muito bem o que estava acontecendo.

— Vim aqui quando era jovem, com um dos meus

professores mais queridos – disse o pai. – Eu também estava passando por um momento difícil, e foi aqui que tudo mudou para mim.

Os dois avistaram um velho barqueiro sentado ao lado de um barco de madeira, preso a um ancoradouro.

– Vocês querem atravessar para o outro lado? São cinco copeques – disse o barqueiro.

O pai ficou em silêncio, esperando que Teresa observasse a cena com atenção. Então, finalmente, ela notou algo curioso.

– Barqueiro – disse Teresa. – Por que há inscrições nos seus remos?

O pai olhou para o ancião, e este logo entendeu que aquele homem já estivera ali antes, muitos anos atrás.

O barqueiro então pegou o remo da direita e o ergueu. Gravado na madeira estava a palavra SONHAR. Em seguida, levantou o remo da esquerda e mostrou a outra inscrição: FAZER.

– Para te explicar, vamos precisar entrar no barco e atravessar o rio.

Teresa, curiosa, foi a primeira a subir. O pai veio logo atrás, e o barqueiro empurrou o barco para longe do ancoradouro. Então, segurando apenas o remo direito, ele começou a remar. O barco começou a girar em círculos.

– Barqueiro, o que o senhor está fazendo?

– Ah, claro! – disse o ancião. – Esqueci do outro remo.

Ele então soltou o primeiro remo e passou a movimentar apenas o da esquerda. O barco, mais uma vez, começou a girar sem avançar. Teresa franziu a testa e, impaciente, exclamou:

– Eu não quero ensinar o padre a rezar a missa, mas acho que o senhor precisa usar os dois remos ao mesmo tempo para seguirmos em frente.

O pai sorriu discretamente para o barqueiro. O ancião

assentiu e começou a movimentar ambos os remos. O barco deslizou pelo rio, avançando em direção à outra margem.

Ao chegarem do outro lado, o barqueiro se virou para Teresa e perguntou:

– Você me perguntou sobre as inscrições nos remos... Já sabe a resposta?

Teresa pensou por um instante. De repente, arregalou os olhos, como se uma lâmpada se acendesse dentro dela.

– Sim, sim! Se ficarmos apenas nos SONHOS, andamos em círculos. E se deixarmos os SONHOS de lado e apenas ficarmos no FAZER, também giramos em falso! Precisamos SONHAR e FAZER para avançar na vida!

– Exatamente. – O barqueiro sorriu.

– Podemos voltar agora? – perguntou Teresa, ansiosa.

Pai e filha desembarcaram e agradeceram ao barqueiro, pagando-lhe a travessia. A filha abraçou o pai com força. E os dois voltaram para casa. Afinal, havia muito trabalho a fazer para concretizar o sonho de Teresa.

O mundo pertence aos que sonham e fazem.

Ensinando a rezar

Quero encerrar este capítulo com um reconto sufi. O sufismo é um ramo místico do islamismo, assim como a cabala no judaísmo. Em ambos os caminhos espirituais, as narrativas desempenham um papel central na transmissão de ensinamentos profundos. Então vamos para a história.

Sempre que um mestre sufi chegava a um vilarejo ou cidade, a notícia de sua presença se espalhava rapidamente. Essa figura mística atraía pessoas de todas as classes sociais: alguns queriam apenas tocá-lo, outros ansiavam por ouvir suas palavras, e muitos buscavam seus conselhos sábios.

Ao saber que um dos mestres sufi mais respeitados da região havia chegado ao seu vilarejo, um comerciante largou tudo, fechou apressadamente sua loja e saiu em disparada para encontrá-lo.

Não demorou muito para avistá-lo. Lá estava o mestre, rodeado por uma pequena multidão que o tocava com delicadeza, como se aquele contato fosse o suficiente. Depois que esse primeiro grupo se dispersou, um segundo se formou, desejando ouvir algumas palavras do mestre. Assim que ele terminou seu breve sermão, eles também partiram.

O sufi ficou sozinho. O comerciante não perdeu tempo: correu até ele, parou à sua frente e, com o coração acelerado, pediu:

— Por favor, mestre, ensine-me a rezar.

O sufi fixou os olhos no comerciante. Era um olhar profundo, como se atravessasse sua mente e seu coração. Após alguns segundos de silêncio, o mestre respondeu calmamente:

— Não posso fazer isso.

O comerciante franziu a testa, surpreso.

— Por quê? — perguntou, desconcertado.

— Porque você já está rezando. Sua mente, sem que você perceba, está tomada por orações durante boa parte do dia.

O comerciante ficou confuso. Aquilo não fazia o menor sentido.

— Mestre, deve haver algum engano. Corri até aqui porque há meses me sinto angustiado. Não consigo mais rezar para Deus!

O sufi sorriu levemente.

— Curioso… Você me pediu para ensiná-lo a rezar, mas não pediu para ensiná-lo a rezar para Deus.

O comerciante abaixou a cabeça, refletindo.

— É verdade, mestre. Minha mente não consegue mais se conectar com o divino, e isso é o que mais desejo.

— Mas, como já lhe disse, você já está em oração.

— Por favor, mestre, explique-me o que não entendo.

O sufi deu um passo à frente, aproximou-se do comerciante e, com delicadeza, tocou sua testa com a ponta do dedo.

— Aqui, sua mente está constantemente em oração. Mas reza por lucros e negócios, por inveja das casas reformadas dos vizinhos, por preocupações com o que seus parentes pensam de você… E pela bela esposa do seu melhor amigo.

O comerciante arregalou os olhos, completamente atordoado.

— Pare! Como você sabe de tudo isso?!

— Isso não importa. O que importa é que sua mente já está tão ocupada com essas orações que não sobra espaço para a oração verdadeira que você tanto procura.

O sufi então se afastou, deixando o comerciante imóvel, absorvendo cada palavra. Impactado com a força e a verdade de todas aquelas palavras, decidiu manter a loja fechada, foi para casa e entrou em uma reflexão tão profunda que mudaria sua vida para sempre.

> *Uma mente cheia de ruídos*
> *não consegue rezar.*

Capítulo 5

Você é corajoso?

A sorte favorece os bravos.
Terêncio, dramaturgo e poeta romano

Você é uma pessoa corajosa? Eu não sou lá tão corajoso assim, mas, claro, tive meus momentos. Fui corajoso quando pedi demissão de um emprego na minha juventude que me pagava razoavelmente bem para me jogar no imprevisível mundo literário. Fui corajoso quando fui para a Europa sozinho tentar vender os direitos de publicação dos meus livros por lá. Fui corajoso quando enfrentei a grande frustração de não ter conseguido nada nessa primeira viagem e de voltar outras vezes, resultando hoje em mais de quarenta livros publicados em quase vinte países pelo mundo.

Mas devo confessar que o medo, infelizmente, é muitas vezes meu companheiro mais do que a bravura. Talvez seja culpa de morar em São Paulo, de ser bombardeado todos os dias por notícias ruins nas mídias digitais, do estilo de vida moderno, ou de todos esses fatores juntos e misturados. Seja como for, parece que a coragem anda meio sumida por aí. Acho que esse é um bom tema para levar para a minha terapia.

E nos tempos antigos? Como as pessoas lidavam com a coragem e a falta dela? Elas não tinham psicólogos, psiquiatras, antidepressivos etc. Ainda assim, os antigos com certeza também refletiam sobre questões como essa. E adivinhe qual era a melhor forma de entender nossos medos e inspirar a coragem? Sim, acertou de novo: as histórias!

Antes, porém, de recontar algumas das minhas histórias favoritas sobre esse tema, quero falar sobre a origem da palavra "coragem" e uma das palavras que designam o seu oposto: a "covardia". Coragem vem do latim *coraticum*, formada pelo sufixo *cor* (coração) + *aticum* (ação, agir). Ou seja, coragem é agir com o coração. Mas atenção: não confunda coragem com estupidez; às vezes, é preciso muita coragem para não entrar em uma briga.

Já a palavra "covardia" chegou ao português pelo francês *couard*, que, por sua vez, vem do latim *coda*, que significa cauda, rabo. Inicialmente, *couard* era usado para se referir a cachorros medrosos.

A propósito, a minha shih tzu, Daphne, tem uma coragem impressionante quando vê cachorros grandes: começa a latir sem parar, desafiadora. Mas é só nos aproximarmos dos gigantes caninos que ela quase sempre enfia o rabo (*coda*) entre as pernas.

Agora, vamos às histórias de coragem – e da falta dela.

As corajosas mulheres de Weinsberg

Pode ser que alguns considerem o próximo texto não como um reconto, mas como um fato histórico ocorrido em 1140. No entanto, arrisco dizer que a narrativa a seguir é um misto de realidade e ficção. Mas o mais importante é contá-la e desfrutá-la.

Se você gostou de *Game of Thrones* e de outras séries similares que se multiplicam pelos streamings, saiba que os escritores e roteiristas não inventam nada do zero: eles recontam, muitas vezes de forma brilhante, esses fatos históricos ao seu modo.

Weinsberg é uma cidade na Alemanha que pode ser visitada até hoje e que, na Idade Média, fazia parte do Sacro Império Romano-Germânico, um nome pomposo para um vasto território que abrangia a Europa Central e parte do Norte da Europa, onde seus reis passavam grande parte do tempo planejando guerras e matanças de inimigos.

A cidade de Weinsberg pertencia à Casa de Welf, governada pelo Duque da Baviera, um homem que se orgulhava da lealdade de seu povo. O ano era 1140. Tudo parecia tranquilo até que, de repente, um soldado pediu uma audiência urgente com o duque:

– Sua Graça, precisamos nos preparar! – disse o soldado, ofegante.

– Calma, respira! Qual o seu nome, soldado?

– Franz, Sua Graça.

– Franz, me diga exatamente o que está acontecendo.

– Acabei de avistar um grande exército marchando em nossa direção!

O duque levantou-se da cadeira, aproximou-se do soldado e fixou os olhos nele.

– É o rei Konrad III, não é?

– Sim, Sua Graça.

– Os malditos da Casa Hohenstaufen querem nos destruir! Sempre quiseram. Nossas terras são mais férteis que as deles.

O duque começou a andar de um lado para o outro. De repente, parou e gritou:

– Fechem os portões da cidadela! Ninguém sai. E você, soldado, avise os comandantes: façam o que for necessário para impedir aquele carniceiro do Konrad de avançar.

No canto do salão, uma figura observava tudo: Gertrud, esposa do duque. Se havia alguém que o duque temia mais que Konrad III, era sua mulher. Ela aproximou-se e cochichou em seu ouvido:

– Muito bem, querido. Agora vou avisar a todos na cidadela para se prepararem para o pior. Sabemos que a Casa Hohenstaufen tem mais soldados e armas do que nós.

O duque suspirou aliviado. Ele sabia que, quando Gertrud não concordava com algo, ela não deixava barato. E, no final, ela sempre estava certa.

A resistência da Casa de Welf foi heroica. Os soldados lutaram como leões, mas os inimigos eram muitos e estavam mais bem equipados. Assim que o exército do duque foi derrotado, Konrad III sitiou a cidadela. A estratégia era simples: deixá-los morrer de fome.

Dentro da cidadela, a fome apertava. Crianças choravam com a barriga vazia, e o povo estava desesperado. Gertrud percebeu que algo precisava ser feito.

– Precisamos negociar uma rendição justa – disse ela ao marido.

– Justa!? Estamos falando de Konrad, Gertrud. Assim que eu pisar lá fora, ele cravará a espada no meu coração.

– Mas quem disse que é você que vai negociar? Eu irei.

O duque resistiu à ideia. Mas, conhecendo bem a esposa, sabia que não adiantava discutir. Ela sempre conseguia o que queria. Antes de sair, Gertrud abraçou o marido com força. Poderia ser a última vez em que se veriam em vida.

No acampamento ao sopé da cidadela, Konrad III foi informado:

– Majestade, a esposa do duque quer falar com o senhor.

Ele riu alto.

– Covardes! Mandaram uma mulher negociar a rendição.

Os soldados riram junto com ele.

– Quero ver essa cena patética. Tragam-na até mim!

Quando Gertrud entrou na tenda, um silêncio absoluto se instalou. Konrad III observou cada detalhe daquela mulher. Postura firme. Olhar sereno. Orgulho inabalável.

– Antes de vê-la, eu já havia decidido matá-la e enviar sua cabeça ao seu marido. Mas agora entendo por que ele a enviou. Gostaria de ter uma mulher como você... Infelizmente, minha esposa, Gretchen, já teria desmaiado de medo! – disse Konrad, soltando uma gargalhada.

– Nunca desmaiei na minha vida, Majestade.

O rei ficou intrigado.

– Muito bem. O que deseja?

– Peço clemência para meu povo.

Konrad, por um momento, sentiu uma inesperada compaixão. Algo nele mudou. Coisa rara de acontecer.

– Muito bem. Volte e diga que todas as mulheres poderão sair da cidadela levando o que conseguirem carregar consigo. Juro que nada lhes acontecerá.

– E os homens?

– Mulher, você não entendeu? – A expressão do rei mudou. – Deveria ter mandado cortar sua cabeça! Não me provoque. Aceite minha oferta ou da próxima vez a conversa será com a lâmina da minha espada!

Gertrud não hesitou. Fez uma reverência e partiu.

Dentro da cidadela, Gertrud reuniu o povo e explicou os termos da rendição. O choque foi geral. Homens, mulheres, crianças choravam, gritavam, esperneavam... Algumas famílias até pensaram em cometer uma ação abominável aos olhos da Igreja, já que não queriam se separar. Então uma mulher chamada Ursula pediu para falar.

– Gertrud, repita o mais fielmente possível os termos da rendição ditados por Konrad.

– Ele disse que todas as mulheres poderão sair levando o que conseguirem carregar, e nada nos aconteceria.

Um brilho iluminou os olhos de Ursula. Ela pediu para que todos se aproximassem e uma pequena multidão se espremeu para ouvi-la. Depois de contar o seu plano, as mulheres gritaram de felicidade; já os homens se negaram a participar daquela maluquice, seria humilhante!

Foi a hora de Gertrud entrar em ação. Ela fez um discurso comovente contando a história da Casa Welf e finalizou dizendo:

– Às vezes precisamos saber perder para ganhar mais tarde.

Ela convenceu a todos, e o plano de Ursula começou a ser executado.

Do lado de fora da cidadela, Konrad III, ostentando sua melhor vestimenta e diante dos soldados enfileirados (se fosse na Polônia, seria um corredor polonês, mas no caso era alemão mesmo) disse em alto e bom som:

– Os portões se abrirão daqui a pouco. Dei a minha palavra de que não tocaríamos em nenhuma mulher nem no que elas estiverem carregando. Quem me desobedecer será executado!

Assim que o rei acabou de falar, os portões começaram a ranger. Quando estavam completamente escancarados, uma cena jamais vista na história atingiu os olhares incrédulos de centenas de soldados e o seu soberano.

Gertrud liderava uma fila de mulheres, e cada uma delas carregava o marido e os filhos. Eles estavam no colo, nas costas, nos ombros… Havia até bebês amarrados com todo cuidado nas pernas das mães. Nenhum homem, nenhuma criança, ficou para trás.

Os soldados não sabiam o que fazer e olharam perplexos para o seu soberano. Konrad III soltou um longo suspiro e fez um gesto com a mão para deixarem aquele povo todo sair em paz.

Gertrud cruzou com o duque grudado em suas costas.

– Duque maldito – disse Konrad. – Sua a mulher é a pessoa mais corajosa que já conheci na vida. E inteligente também!

Gertrud, ofegante com o peso do marido, precisou responder.

– Majestade, todas as mulheres de Casa Welf são corajosas e inteligentes, e foi uma delas que teve a ideia de carregar nossos maridos e filhos, obedecendo às suas próprias palavras.

O rei ficou em silêncio e novamente foi tomado por uma compaixão ao ver a cena de mulheres carregando o que elas tinham de mais valioso.

Ao ver a fila desaparecendo no horizonte, Konrad III entrou na cidadela, saqueou-a e já começou a pensar em sua próxima guerra. Ele jamais se esqueceria, até o dia de sua morte, da coragem das mulheres da cidadela de Weinsberg.

Não julgue a coragem pela aparência.

O rei e o asceta

Você sabe o que é um asceta? A palavra vem do grego *askētēs*, que significa "aquele que se exercita", "aquele que pratica a disciplina". Ou seja, o asceta é uma pessoa que renunciou aos prazeres materiais, que leva uma vida rigorosa, disciplinada e, muitas vezes, isolada, tudo isso com o objetivo de alcançar a purificação, uma elevação espiritual ou mesmo a iluminação.

O ascetismo está presente em figuras de diversas religiões e filosofias, como Sidarta Gautama (Buda), São Francisco de Assis e Diógenes de Sinope, o famoso filósofo cínico que, segundo a lenda, vivia em um barril. Aliás, sempre que me lembro de Diógenes e seu barril, minha mente é invadida pela imagem do Chaves, o personagem cômico do mexicano Roberto Gómez Bolaños, que também tinha um barril como refúgio. Mas não era sobre essa coincidência que eu queria falar a respeito de Diógenes. Há uma lenda sobre ele que tem tudo a ver com o tema deste capítulo.

Conta-se que Alexandre, o Grande, um dos homens mais temidos e poderosos da Antiguidade e um amante da filosofia, desejava conhecer um dos filósofos mais famosos de sua época: Diógenes. Ao entrar na cidade onde o asceta morava, Alexandre foi levado até o seu conhecido barril-casa. O rei bateu na madeira e aguardou.

Lá de dentro saiu um homem com cara de sono, trajando uma túnica suja e esburacada. Ele olhou para Alexandre, o Grande, um homem imponente, vestindo uma das mais belas armaduras já vistas e com uma espada assustadora presa à cintura e disse:

– Por favor, saia da frente. Você está atrapalhando a luz do sol.

Diz a lenda que Alexandre ficou tão impactado com essa reação diante de sua figura poderosa que teria dito:

– Se eu não fosse Alexandre, gostaria de ser Diógenes.

Podemos dizer que esse tal de Diógenes ou era corajoso, ou era maluco; a avaliação fica a seu critério. A história que vou recontar agora, no entanto, não fala sobre a coragem de um asceta, mas do seu medo.

Há séculos, em um reino distante, um rei poderoso e repleto de riquezas, mas já em idade avançada, decidiu que era hora de se voltar para o mundo interior, para a espiritualidade. Sua biblioteca passou a ser preenchida com volumes de textos filosóficos e religiosos, mas isso não lhe bastava. Ele queria conversar com homens que vivenciavam essa busca espiritual em seus próprios corpos e mentes.

Seus conselheiros, então, começaram a procurar ascetas que morassem no reino ou que estivessem só de passagem. Assim que eram encontrados, querendo ou não, eram levados à presença do rei.

O soberano os interrogava, observava e tentava aprender algo com aqueles homens. Na maioria das vezes, eles eram de pouca conversa e, quando se dispunham a falar, repetiam essencialmente a mesma coisa: que era necessário viver com o mínimo indispensável, afastar-se do luxo e do conforto, além de praticar o silêncio, o jejum e o celibato. (Essa última parte em particular, o celibato, era o conselho que o rei mais detestava!)

A irritação começou a tomar conta do soberano. Ele buscava a paz, mas encontrava apenas mais turbulência interior. Quando estava prestes a desistir de sua busca, um dos conselheiros lhe trouxe uma notícia:

— Majestade, há um asceta cruzando a frente do castelo neste exato momento. Devo buscá-lo?

O rei pensou por um instante e respondeu:

— Sim. Mas será o último!

Os soldados correram para capturar o asceta, que quase teve um infarto ao sentir mãos rudes empurrando-o para dentro do castelo.

— O que foi? O que eu fiz? O que eu fiz? — balbuciou o asceta, apavorado.

— Silêncio, mendigo! — ordenou um dos soldados.

— Não sou mendigo! Sou um buscador da verdade.

Os soldados ignoraram suas palavras e o jogaram diante do rei. O asceta, ao ver a figura imponente do monarca, sentiu as pernas tremerem.

— Fique calmo — disse um dos conselheiros. — Gostaria de beber ou comer algo?

O asceta respirou fundo e respondeu:

— Obrigado, não precisa. Já comi minha refeição diária: um pêssego e um pouco de água de um poço próximo daqui.

O rei ficou furioso ao ouvir aquilo.

— Mais um asceta que vai me falar de simplicidade, renúncia dos prazeres... blá, blá, blá!

O asceta arregalou os olhos. A fúria do rei o atemorizou ainda mais.

— Asceta! — bradou o soberano, colérico. — Ou você

me ensina agora mesmo como me tornar um buscador da verdade espiritual, ou ordenarei que o enforquem!

Os conselheiros se entreolharam, apreensivos. Aquela reação não era comum. O asceta olhou para o rei e, após um breve silêncio, disse:

— Majestade, estou vendo fantasmas ao seu redor. São seus ancestrais tentando lhe ensinar o caminho da sabedoria.

O rei olhou ao seu redor e viu apenas o vazio. O asceta continuou:

— Também estou vendo, debaixo dos seus pés, uma festa de demônios. Eles riem do senhor e torcem para que nunca encontre o que procura.

O soberano, instintivamente, levantou as pernas e viu apenas o chão de mármore.

— Espera, espera, espera...! – disse o asceta, teatralmente. – Agora mesmo, Majestade, vejo um pássaro multicolorido pousado no seu ombro. Ele sussurra em seu ouvido o segredo para uma vida feliz.

Todos olharam para o ombro do rei. O próprio soberano virou o rosto na tentativa de ver o pássaro. Nada.

— Asceta! – gritou o rei. – Você está vendo tudo isso agora mesmo? Neste instante?!

— Sim, Majestade.

— Isso é impossível! O que está te fazendo enxergar tudo isso?!

O asceta se aproximou lenta e cuidadosamente do rei e disse em tom sereno:

— O medo, Majestade. O medo.

O rei permaneceu em silêncio, olhando fixamente para o asceta, pensativo. Após um longo instante, murmurou:

— Acho que compreendi. O medo leva as pessoas a falsearem a realidade, a verem coisas que não existem, a criarem monstros ilusórios.

– Sim, Majestade – respondeu o asceta.

– E eu quase o enforquei… Me desculpe, mestre.

– Majestade, o medo do meu enforcamento foi justamente o que me fez ter essa ideia. Isso também foi um grande aprendizado para mim.

Naquele momento, o rei finalmente encontrou seu mestre e iniciou sua tão almejada busca espiritual.

Quem tem o que perder tem o que temer.

Viver é muito perigoso, parte 1

Houve uma época em que me alimentava diariamente da leitura e da posterior narração de mitos e histórias da antiga Grécia. Sempre fui apaixonado por essas narrativas que impactaram o mundo ocidental de forma única. Sabia dezenas desses mitos de cor, expressão que vem do latim *de corde*, "de coração". Acho que o que chega ao coração pela emoção é mais fácil de grudar em nossa memória.

Ainda hoje, embora mais velho e com a memória não tão afiada, consigo me lembrar de muitas dessas histórias, e foi por isso que selecionei algumas passagens das minhas amadas histórias e mitos gregos que remetem ao tema deste capítulo.

Você já ouviu falar da *Odisseia* e da *Ilíada*, de Homero? Talvez sejam algumas das obras mais influentes de todos os tempos. Elas fazem parte do nosso cotidiano sem nem nos darmos conta. Palavras e conceitos que repetimos vêm desse repertório homérico. Por exemplo, quando falamos em "cavalo de Troia" para designar um *malware* (um software malicioso) ou quando nos dizem que um ponto fraco é o nosso "calcanhar de Aquiles". Até mesmo quando alguém diz que conseguir a aposentadoria pública neste país é uma "odisseia", uma jornada interminável. Essas expressões estão ligadas umbilicalmente às obras de Homero.

Para contextualizar um pouco essas epopeias e, posteriormente, entrar nas tramas que selecionei, vou contar o enredo que disparou o desenvolvimento desse épico grego: uma disputa de beleza! Os acontecimentos anteriores a essa disputa deixarei a cargo da sua curiosidade e pesquisa.

A disputa de beleza ocorreu em uma festa de casamento. Desde a antiguidade, já aconteciam barracos e infortúnios em eventos que deveriam ser alegres e pacíficos. Dando spoiler...

O casamento era de um casal pouco conhecido do público em geral, mas cujo filho, Aquiles, ficou tão famoso que foi interpretado no cinema por Brad Pitt. Estou falando da imortal Tétis e do mortal Peleu.

O ritual estava sendo preparado, mas na hora de fazer a lista de convidados os noivos decidiram deixar de fora Éris, a deusa da discórdia. Mas, como todos deveriam saber, o excluído de uma festa de casamento sempre acaba descobrindo, e não deu outra: Éris não só descobriu como decidiu se vingar.

O casório aconteceu na maior paz e harmonia, porém, no meio da festança, Éris entrou sorrateiramente no salão e colocou uma maçã de ouro sobre uma mesa, acompanhada de um bilhete com a mensagem: "Para a mais bela". Assim que viram o pomo (a maçã), as mulheres começaram a disputar entre si quem ficaria com ele. (A expressão "pomo da discórdia" nasceu dessa história.)

As mortais não tiveram chance alguma na disputa. A briga ficou entre as três deusas mais poderosas do Olimpo: Hera, a esposa ciumenta de Zeus; Afrodite, a deusa do amor, e Palas Atena, a deusa da sabedoria.

Por mais que brigassem, nunca havia uma ganhadora. Então, resolveram pedir ajuda ao grande deus dos deuses, Zeus, para desempatar. Mas, sábio e prudente, Zeus não quis ser o fiel da balança. Para resolver a questão, ele mandou chamar um mortal: Páris. O príncipe troiano não podia recusar a incumbência de Zeus. Assim, foi colocado diante das deusas, e as três começaram a tentar "suborná-lo" para ser a escolhida.

Hera prometeu que ele seria o rei mais poderoso do mundo caso fosse a escolhida. Palas Atena prometeu sabedoria ao jovem príncipe. Afrodite, aproximando-se de Páris com um perfume tipo Chanel nº 5, sussurrou em seu ouvido:

– Se me escolher, darei a você o amor da mulher mais bela do mundo. – Essa mulher era Helena, esposa do rei espartano Menelau.

O jovem príncipe escolheu Afrodite e lhe deu o pomo dourado, em uma decisão que desencadeou um furacão de acontecimentos. Páris e Helena se apaixonaram e ele a levou para Troia. O ato inconsequente de Páris fez com que os gregos se revoltassem e começassem a reunir seus exércitos para atacar o reino do sequestrador de mulheres casadas. O nome grego para Troia é Ílios – daí o nome da obra *Ilíada*, que conta os últimos cinquenta e um dias dessa guerra que durou aproximadamente dez anos.

Emissários foram enviados a todos os reis gregos para convocá-los para tal empreitada. Ulisses, rei de Ítaca, amava a sua terra, seu povo e a sua família. Seu nome grego era Odisseu, origem do título da outra obra de Homero, *Odisseia*, que narra a sua jornada épica de volta para casa após a guerra.

Ao saber que o rei de Pilos, Nestor, um velho e corajoso guerreiro, estava chegando à sua ilha para convocá-lo, Ulisses ficou furioso. Seu filho com a rainha Penélope, Telêmaco, acabara de nascer, e Ulisses não queria saber de guerras causadas pelos arroubos amorosos de dois jovens.

– Onde está meu querido amigo Ulisses? – perguntou Nestor a um soldado na entrada do palácio.

O soldado apontou para um descampado. Ao se aproximar do terreno, Nestor viu uma cena inusitada: Ulisses estava puxando um arado e semeando pedras no lugar de trigo.

– Ulisses, o que você está fazendo?

O rei de Ítaca olhou para Nestor, deu um tchauzinho e continuou semeando pedras. O velho e sábio Nestor entendeu na hora o que estava acontecendo. Ulisses, famoso por sua astúcia e sensatez, fingia estar louco para não ter que deixar a família por causa de uma guerra que não era sua.

Nestor, no entanto, teve uma ideia. Saiu da vista de Ulisses e voltou algum tempo depois carregando Telêmaco no colo. Colocou o bebê no chão, bem à frente do arado. Ulisses não queria atropelar o próprio filho. Então, parou imediatamente, pegou Telêmaco nos braços e o abraçou com força.

– Nestor, pelo menos eu tentei – disse Ulisses.

– A ideia foi ótima, amigo – respondeu Nestor –, mas precisamos de sua inteligência e astúcia para a guerra contra os troianos.

– Bom, se não tem jeito, deixe-me despedir da minha família e do meu povo.

Antes de partir, Ulisses prometeu a Penélope e ao pequeno Telêmaco que retornaria são e salvo. Mal sabia ele o tamanho dos obstáculos que enfrentaria para voltar para casa. A caminho da guerra, Nestor lhe disse:

– Temos que fazer uma parada na ilha do rei Ciro.

– Por quê? – perguntou Ulisses.

Enquanto navegavam, Nestor começou a contar-lhe uma história...

Viver é muito perigoso, parte 2

Antes de Aquiles nascer, o mortal Peleu e a ninfa marinha imortal Tétis tiveram vários filhos – todos mortais. A finitude dos filhos (foram sete meninos antes de Aquiles) deixava a mãe inconformada. Ela não queria ver seus filhos morrerem enquanto ela ficaria viva para sempre.

Então, a cada bebê que nascia, Tétis acendia uma fogueira e iniciava um ritual para literalmente queimar a mortalidade da criança. No entanto, o ritual sempre dava errado, e o bebê morria. Uma tristeza profunda se abatia todas as vezes sobre o casal, e Peleu sempre implorava à esposa:

– Tétis, meu amor, não faça mais isso! Não aguento mais ver nossos filhos morrendo no fogo.

– Eu prometo, meu amado esposo, que nunca mais farei isso!

Mas, a cada novo filho, Tétis quebrava a promessa e os bebês continuavam morrendo queimados. Quando Aquiles nasceu, Peleu, já exausto de tanto sofrimento, decidiu vigiar a esposa. Assim que ela acendeu o fogo e se preparou para queimar o bebê, ele interveio e o salvou.

– Tétis! Por favor, chega!

A ninfa caiu em prantos. Ela queria tornar Aquiles imortal.

Foi então que Peleu teve uma ideia como se os próprios deuses do Olimpo tivessem sussurrado em seu ouvido:

– E se mergulhássemos Aquiles no rio Estige? Dizem que aquelas águas podem transformar mortais em imortais.

– Que ideia brilhante! – exclamou Tétis, pegando o filho nos braços e voando em direção ao lendário Estige, o rio que separava o mundo dos vivos do mundo dos mortos.

Chegando lá, segurou Aquiles pelo calcanhar e o mergulhou nas águas do rio. Ao retirá-lo, ele havia se tornado quase imortal. E por que "quase"? Porque a mão da mãe impediu que a água tocasse o calcanhar do bebê, que se tornou seu único ponto vulnerável.

– Nestor, eu e todos os gregos conhecemos essa história de Aquiles. Mas o que isso tem a ver com a ilha de Ciro?

– Então, meu engenhoso amigo…

Ao descobrir que os homens mais corajosos da Grécia estavam sendo convocados para a guerra de Troia, Peleu entrou em desespero. Ele já havia perdido tantos filhos que não queria perder mais um em uma guerra que não lhe dizia respeito.

– Sei bem o que Peleu está sentindo – sorriu Ulisses.

– É, percebi que você tentou se safar dessa. Peleu teve uma ideia tão engenhosa quanto a sua. Mandou Aquiles para a ilha do rei Ciro a fim de que não fosse convocado para a guerra.

– E qual a engenhosidade disso?

– Segundo nossos informantes, Peleu pediu ao rei Ciro que disfarçasse Aquiles como uma de suas filhas. Assim, ninguém o reconheceria.

Ulisses concordou que era um plano inteligente. Mas

também imaginou que Aquiles devia adorar estar rodeado por belas jovens.

– Nestor, imagino que você quer que eu descubra qual delas é Aquiles e o leve conosco?

– Sim, exatamente isso.

Ulisses bolou um plano. Ao chegar à ilha de Ciro, se apresentou como um comerciante de tecidos raros do Oriente. A notícia se espalhou rapidamente entre as filhas do rei, que exigiram ver as peças do mercador. No quarto das mulheres, o gineceu, Ulisses observou atentamente as cinquenta jovens. Quarenta e nove delas eram, de fato, filhas de Ciro. Uma delas não, mas qual?

Quando Ulisses começou a falar sobre os tecidos, as jovens se amontoaram para tocar nos panos luxuosos. Uma delas, no entanto, permaneceu à parte, com um olhar indiferente. Era a pista de que Ulisses precisava e, sem hesitar, sacou uma adaga ameaçadora da cintura.

Todas entraram em pânico ao ver a arma, gritando e recuando, menos a jovem indiferente. Como se despertasse de um sono profundo, ela avançou contra Ulisses. O disfarce estava desfeito. Aquiles tinha se revelado.

Ao levá-lo para o barco, Ulisses lhe contou o motivo da guerra e da esperança que tinha de que voltaria logo para casa. Aquiles ouviu a palavra "guerra" e foi o que bastou para algo dentro dele estremecer. O jovem guerreiro sentia que aquela guerra e seus feitos o tornariam imortal de uma forma diferente.

Ulisses e Aquiles passaram anos guerreando em Troia. Ulisses era um grande guerreiro, mas, antes de tudo, era um homem que prezava seu lar e sua família, e sabia que muitas vezes a inteligência é o mais potente dos músculos. Já Aquiles tinha a possibilidade de viver para sempre em sua terra com paz e prosperidade, mas escolheu viver intensamente, correndo

147

perigos mil e sabendo que suas façanhas percorreriam milênios e inspirariam outros grandes guerreiros e líderes. Sua vida poderia ser curta, mas suas proezas seriam eternas.

Na vida, há momentos em que somos mais como Ulisses: corajosos, mas prudentes, pois aqueles que amamos estão nos esperando. Em outras ocasiões, somos como Aquiles: impulsivos, entregues ao desejo de aventuras e sem medir as consequências.

(A frase que dá nome a este capítulo em duas partes – "Viver é muito perigoso" – foi dita por Riobaldo, personagem de Guimarães Rosa no livro *Grande Sertão: Veredas*.)

> *A vida é incerta, repleta de desafios, riscos e mistérios, mas também transborda beleza e significado.*

Gengis Khan está chegando

O próximo reconto circula pelo mundo há séculos. Gosto particularmente da versão que insere a figura do imperador mongol do século XIII, Gengis Khan, na história. Esse guerreiro, conhecido por sua brutalidade, mas que também possuía um lado tolerante – como sua política de respeito às religiões alheias –, sempre me fascinou.

A primeira vez que ouvi o nome desse personagem histórico e ao mesmo tempo lendário foi por meio de um grupo musical alemão dos anos 1980, o Dschinghis Khan, no qual o vocalista se fantasiava de imperador mongol. O Brasil ganhou uma versão brasileira do grupo, o Gengis Khan. Quem foi criança nessa época talvez se lembre desse grupo por uma música que até hoje é cantada em alguns lugares: "Comer, comer/ Comer, comer/ É o melhor para poder crescer...".

Gengis Khan era descendente de um povo nômade das estepes asiáticas e construiu um dos maiores impérios da história. Em seu leito de morte, teria dito ao seu herdeiro: "Com a ajuda do céu, venci um império enorme. Mas minha vida foi curta demais para conquistar o mundo. Essa tarefa deixo para você". Gengis viveu sessenta e cinco anos, conquistou vastos territórios e seus descendentes quase dominaram a Europa Ocidental. Na época de Gengis, a simples menção ao seu nome era suficiente para espalhar o terror. Povos inteiros desistiam de lutar antes da batalha, rendendo-se sem resistência. Sua brutalidade e seus métodos de aniquilação eram aterrorizantes, até mesmo para aqueles acostumados com a violência da época.

Em um reino da Europa Oriental, um rei passou anos se preparando para possíveis invasões. Seu castelo era envolto por uma fortaleza robusta, seu exército era bem treinado e a produção de armas estava sempre em dia. No entanto, esse reino não era um alvo estratégico e por isso ninguém parecia querer conquistá-lo. Mas, como diz o velho ditado, "é melhor prevenir do que remediar", então o rei sempre estava pronto para qualquer eventualidade. A vida corria pacificamente no reino, até que uma antiga verdade se fez presente: "Só sabemos se somos corajosos ou medrosos quando nos defrontamos com o perigo".

Certo dia, um mensageiro esbaforido entrou no salão real:

– Majestade – disse ele, ofegante.

– Fale logo – ordenou o rei.

– Recebi um aviso de um soldado… que recebeu de outro soldado… que ouviu de um primo distante que…

– Chega, chega! Já entendi, é um aviso que vem de longe. Diga logo o que é!

O mensageiro respirou fundo e anunciou:

– Majestade, o exército de Gengis Khan está chegando!

O rei, ao ouvir aquele nome, sentiu a cabeça girar e quase desmaiou.

– Tem certeza? Gengis Khan, o sanguinário?!

– Sim, Majestade, ele mesmo!

O rei se levantou e sua mente foi invadida por imagens horripilantes: seu corpo empalado vivo, sua família sendo fatiada pelo exército mongol, seu povo torturado e massacrado. Foi assolado por um pavor, um medo que nunca havia sentido em toda a sua vida.

— Majestade, o que deseja fazer? — perguntou um de seus comandantes, que assistia à cena em silêncio.

O rei, com o rosto pálido, apenas sussurrou:

— Quero... quero ir para o meu quarto. Não consigo raciocinar agora!

As pessoas que estavam no salão real ficaram pasmas com aquela reação do rei. Nos dias seguintes, o pavor do rei cresceu ainda mais. Ele parou de comer, não conseguia dormir e sofria ataques de pânico constantes. Após uma semana, o medo atingiu seu auge e desfecho, com o rei tendo um infarto fulminante. No dia do funeral, o povo inteiro se reuniu para lamentar sua morte.

De repente, no meio do funeral, o mesmo mensageiro que havia levado a terrível notícia reapareceu, atravessando a multidão. Com um misto de tristeza e alívio, anunciou:

— Era alarme falso! Gengis Khan não está vindo.

A multidão ficou em silêncio. Ninguém sabia se comemorava a notícia ou se chorava pela perda do rei.

O medo pode matar mais do que a espada.

Num piscar de olhos

Como você já percebeu, gosto bastante de recontos orientais. Eles são muito antigos e foram testados ao longo dos séculos. Ou seja, se um reconto oriental sobreviveu até os dias de hoje, no século XXI, é porque ainda tem muito a dizer ao nosso coração e à nossa mente.

Outro motivo pelo qual gosto tanto dessas histórias é que muitos dos mestres que as contaram sabiam que "tamanho não é documento". Podemos narrar histórias curtas com mensagens profundas. Em uma vertente do Zen Budismo, esse tipo de narrativa recebeu um nome especial: koan.

Um koan tem o propósito de romper os padrões normais do pensamento, aqueles pelos quais sempre navegamos, provocando estranhamento e um choque na razão. O intuito dessas pequenas grandes histórias é que a compreensão da narrativa ocorra por meio de uma experiência direta com o nosso mundo interior.

Li centenas de koans nos últimos anos, e alguns realmente causaram em mim estranhamento e uma compreensão tardia de seu significado. Outros, claro, entendi de imediato, ou pelo menos acho que entendi. Mas confesso que há aqueles que até hoje não compreendo totalmente, o que considero algo positivo, pois com isso percebo que ainda não estou pronto, que me falta maturidade para absorver a mensagem por completo.

Essa forma simples e profunda de contar histórias também está presente nos famosos haicais e em algumas pequenas narrativas ocidentais igualmente profundas. Lembrei agora de uma judaica sobre um menino que montou uma barraca na praça com um cartaz: "Faça qualquer pergunta por duas moedas de ouro". Um homem se aproximou e disse: "Dou-lhe duas moedas de ouro se você me responder onde Deus mora". O menino sorriu e respondeu: "E eu lhe devolverei as duas moedas de ouro que me dará se me disser onde Deus não mora". Mas nosso capítulo não é sobre fé, e sim sobre a coragem e a falta dela. Então aqui está a pequena história sul-coreana que me veio à mente ao pensar no nosso tema.

Um general de um poderoso reino sul-coreano avançava, vila após vila, conquistando territórios em nome de seu soberano. Era cruel com seus inimigos e sabia que o medo era uma arma poderosa para controlar mentes e corpos. Por isso, a cada nova vila que atacava, o povo fugia sem olhar para trás. Em uma dessas invasões, um dos soldados relatou:

– Matamos os poucos soldados da localidade, e quase toda a população fugiu ao saber da sua chegada, general.

O general franziu o cenho e perguntou:

– Como assim, quase?

– Um monge Zen não fugiu e permanece meditando no pequeno templo da vila.

Furioso, o general marchou até o templo. Lá dentro, encontrou o ancião meditando em silêncio. Irritado, berrou para que o monge abrisse os olhos e se levantasse.

– Você não sabe que posso arrancar sua cabeça com minha espada num piscar de olhos?

O monge abriu os olhos lentamente, encarou o general e respondeu:

– E eu posso receber sua espada na minha cabeça também num piscar de olhos.

O general, desconcertado com aquela resposta, fez uma reverência ao mestre e foi embora.

A verdadeira coragem não se revela na força física, mas na serenidade diante da morte.

A bailarina

Assim que decidi fazer um capítulo sobre a coragem – e a falta dela – veio à minha lembrança a cena de um livro do início dos anos 1990. Tal cena ficou martelando na minha cabeça, e a ansiedade por não lembrar em qual livro se encontrava foi me deixando maluco.

Virei minha biblioteca de ponta-cabeça (e olha que tenho milhares de livros em casa!) até que finalmente encontrei. Era o livro do psicanalista austríaco-americano Bruno Bettelheim, que viveu os horrores do nazismo e sobreviveu ao Holocausto. Ele esteve preso nos campos de concentração de Dachau e Buchenwald, na Alemanha.

Bettelheim é conhecido por seu clássico *A psicanálise dos contos de fadas*, mas não foi ali que encontrei o relato que buscava. A cena estava em um livro menos conhecido, chamado *O coração informado*, que descreve, entre outras experiências e reflexões, sua vivência nos campos de concentração.

(Se você está lendo estas palavras, significa que a editora concordou – pela segunda vez! Mais uma e já posso pedir uma música no Fantástico! – que transgredisse o meu próprio acordo de recontar apenas histórias milenares e seculares.)

Quero recontar a pequena cena descrita por Bettelheim em apenas sete linhas do seu livro. Ele mesmo, aliás, leu sobre isso em outro relato a respeito do horror nazista. A minha versão será bem maior e criarei um ambiente ficcional para a personagem de forma a ampliar a compreensão do contexto histórico daquela época.

Klara era a filha única de um médico e uma dona de casa. A mãe dedicava-se com afinco à formação acadêmica e artística da filha. Desde muito pequena, a menina amava o balé e, assim que a mãe identificou o seu talento, inscreveu-a na melhor e mais prestigiosa escola de dança da Áustria.

A rotina era bem rígida. Os estudos sempre vinham em primeiro lugar: sem notas boas no boletim, Klara não poderia ensaiar ou se apresentar no balé, e como a dança era a sua grande paixão, as notas escolares sempre eram excelentes.

Klara tinha 9 anos quando se apresentou pela primeira vez no Burgtheater, um dos mais importantes teatros da Europa, em Viena, Áustria. Era o ano de 1933 e, aos olhos da menina, tudo parecia em ordem.

O pai, pediatra e conhecedor das pesquisas do compatriota Sigmund Freud sobre a infância, insistia para que a esposa deixasse espaço na rotina da filha para as brincadeiras. Ele sabia que brincar era essencial para a saúde mental de uma criança. E assim, entre ensaios e estudos, Klara conseguia algum tempo para se divertir com as amigas da escola e da vizinhança.

Ao completar 14 anos, Klara era uma das melhores bailarinas da sua escola de dança. O balé era sua vida! Ela se sentia livre, inteira, a vida fazia sentido para ela assim que começava a inserir seus pés nas sapatilhas. Porém, a felicidade no balé começou a contrastar com uma realidade cada vez mais dura e sombria: diferentemente da época da infância, ela compreendia muito bem o que estava acontecendo ao seu redor.

Klara fazia parte de uma família judia laica, não religiosa. Uma vez por ano, os pais a levavam ao templo Leopoldstädter, a maior sinagoga de Viena, no Yom Kipur, o Dia do Perdão. A família acreditava que, em primeiro lugar, eram austríacos, assim como seus ancestrais que viveram ali por séculos. Klara estudava num colégio católico, um dos melhores de Viena; seu pai formara a maior parte de sua clientela entre os não judeus e era considerado por muitos não apenas um médico que cuidava das crianças com amor e profissionalismo, mas também um amigo das famílias que atendia.

Mas a avó materna sempre dizia nos jantares familiares: "Vocês podem não se sentir judeus, mas os outros sempre vão lembrá-los de que o são". A família nunca levava a sério o que a velha senhora repetia, e a mãe de Klara sempre retrucava que os tempos eram outros, que as perseguições de outrora não se repetiriam em pleno século XX. Mas não é à toa que a sabedoria está muitas vezes nas palavras dos mais velhos. A história começou lenta e depois velozmente a se repetir.

Um dia, Klara, chegou da escola chorando muito:

– Pai, minhas amigas disseram que não podem mais falar comigo porque sou judia.

O pai consolou a filha e olhou para a esposa com ar preocupadíssimo.

– Querido, acho que está na hora de pensarmos na mudança que falamos outro dia. Minha prima que mora na Inglaterra disse que pode nos receber.

– Inglaterra?! Sair de Viena?! Abandonar o balé?! – gritou Klara, saindo correndo para o seu quarto.

Os pais se entreolharam, a situação estava escalando depressa. O pai perdera a clientela construída por anos a fio somente por ser judeu. A mãe sentia o desprezo crescente dos vizinhos, muitos dos quais tinham recebido de seu marido cuidados amorosos e gratuitos nos anos anteriores. A própria Klara também sentia na pele o ódio gratuito aos judeus. Ela não tinha contado que, na escola de balé, a professora a tinha substituído em todos os papéis de destaque nem sobre as agressões verbais que recebia diariamente das colegas. Ela tinha certeza de que, se contasse aos pais, eles a tirariam da escola e isso era inimaginável para a menina.

Enquanto a família hesitava em partir, veio a Anschluss, a anexação da Áustria pela Alemanha nazista. No dia 13 de março de 1938, a Áustria se tornou parte do Terceiro Reich. A situação dos judeus, que já era ruim, ficou ainda pior. Agressões verbais se tornaram físicas, começaram boicotes a lojas de donos judeus, proibições para exercer profissões ou sentar-se em bancos de praças e transporte público... Era a nova realidade de Viena.

A família tomou a difícil decisão de tirar Klara da escola e do balé; era muito perigoso deixá-la frequentando esses locais. Isso devastou a menina, que começou a estudar com a mãe em casa e a ensaiar sozinha na frente do grande espelho que tinha no quarto.

A solução era deixar Viena o mais rápido possível. Mas a decisão da fuga havia chegado tarde. Os nazistas estavam dificultando ao máximo a saída dos judeus e em breve eles seriam proibidos oficialmente de atravessar qualquer fronteira sob jurisdição alemã.

A família de Klara ainda se apegava a um fio de esperança, mas, poucos meses após a anexação, ocorreu algo que soterrou qualquer expectativa e mudaria para sempre a vida da menina: a *Kristallnacht*. A Noite do Cristais ocorreu em 9 de novembro de 1938, quando turbas antissemitas saíram por toda a Alemanha quebrando e incendiando lojas e sinagogas judaicas – o barulho das vidraças remetia ao de cristais sendo quebrados. Eles também espancaram e mataram brutalmente os judeus que encontravam nas ruas, não importava a idade ou o sexo. Uma atrocidade!

Infelizmente, os pais da Klara estavam fora de casa quando eclodiu tamanha insanidade. Uma vizinha invejosa apontou para o casal e os identificou como judeus. Não demorou para que fossem agarrados e espancados até a morte por jovens uniformizados com suásticas.

Em casa, Klara percebeu que algo de errado estava acontecendo; os pais não chegavam nunca da rua. Os gritos e o som das vidraças estilhaçadas a estavam apavorando. Ela então tomou coragem e foi para a rua. Andou um pouco e viu o horror! Deitou-se ao lado do corpo dos pais, mas uma mulher desconhecida a puxou pelo braço e mandou que fugisse dali imediatamente. A menina, desolada e com medo, correu até a casa da avó, contou tudo para ela e as duas choraram por horas seguidas.

Meses depois, a avó e a neta foram enfiadas em um trem a caminho de um local de trabalho onde, disseram, teriam comida e um lugar quente para dormir. Espremidas como gado dentro de um vagão com dezenas de pessoas, elas chegaram a um campo de concentração. Na primeira triagem que enfrentaram, neta e avó foram separadas, assim como muitas mães e filhos, os doentes dos saudáveis... Klara nunca mais veria a sua querida avó.

Klara ficou nesse primeiro campo por dois anos, trabalhando sem parar e comendo uma única e rala refeição diária. Ela conheceu outras prisioneiras, ficaram amigas e tentavam se proteger e sobreviver. Um dia, seu grupo foi chamado por um soldado: elas embarcariam de novo em um trem. Uma pequena esperança tomou conta de todas as prisioneiras.

Elas entraram no trem somente com a roupa maltrapilha do campo. Ao primeiro movimento do vagão, os boatos começaram a surgir. Estavam indo para o leste rumo a um campo onde os nazistas obrigavam todos a tirar a roupa e formar uma fila. Diziam que era para tomar um banho e passar por uma desinfecção, mas as histórias falavam de chaminés que não paravam de expelir uma fuligem acinzentada e que todos os que entravam na fila do banho nunca mais eram vistos.

Depois de alguns dias de viagem, o vagão foi aberto e fiapos humanos, que pareciam mais mortos do que vivos, foram recebidos com latidos de cães furiosos e gritos de soldados. Klara foi escolhida para a fila do banho. Estava tão faminta e exausta que não reagiu, não sentiu absolutamente nada dentro dela, foi só caminhando para onde a mandavam. Entrou num complexo de concreto, acima a chaminé expelindo a fumaça acinzentada. Ordenaram que ficasse nua e entrasse na fila até o lugar do banho e desinfecção.

Escondendo a nudez com as mãos, Klara pressentia seu fim. Na fila, a caminho da câmara de gás, foi invadida por lembranças há muito esquecidas pelo sofrimento indescritível que vivera até ali. Começou a se lembrar dos pais, da avó, das brincadeiras infantis, das comidas, da vibração de Viena, uma das cidades mais cultas e cosmopolitas da Europa... Lágrimas, as primeiras desde muito tempo, transbordaram de seus olhos.

Então veio a lembrança mais arrebatadora. A dança! O balé! O Burgtheater! A sensação de liberdade absoluta quando inseria seus pequenos pés nas sapatilhas! Tal lembrança fez o sangue correr intensamente pelo seu esquálido corpo, e de repente lá estava ela a rodopiar e a realizar passos lindos e perfeitos de balé. Ela achava que havia esquecido aqueles movimentos, soterrados pela barbárie nazista, mas naquele momento eles pertenciam a ela novamente.

Klara foi tomada por uma sensação de plena liberdade, nunca fora tão livre antes! Percebeu que um soldado a observava com curiosidade, como se estivesse vendo um animal num circo qualquer. Ela então começou a fazer *pliés, relevés, jetés...* Ela se lembrava de tudo. E quando ela fez um *sauté*, um salto simples, lá estava ela na frente do soldado, a um palmo de distância do seu rosto. O soldado lhe deu um sorriso. Nesse instante, ela agarrou a arma do soldado e, com único disparo, acertou-lhe a cabeça.

O caos se instaurou. No meio da confusão, entre gritos e correria dos prisioneiros, um oficial avistou Klara com a arma em mãos e disparou várias vezes contra o seu peito. Ela foi ao chão, o sangue se espalhando ao seu redor. E, antes de fechar os olhos para sempre, murmurou sua última palavra: liberdade.

> *Precisamos de muita coragem para revelar a nossa verdadeira essência.*

Capítulo 6
Você é feliz?

Se a casa da felicidade fosse construída,
o maior cômodo seria a sala de espera.
Jules Renard, escritor francês

As reflexões sobre a pergunta deste capítulo atravessaram milênios. Desde os filósofos gregos, que já debatiam o tema antes da era cristã, até pensadores como Santo Agostinho, bispo de Hipona que chegou a encontrar 289 comentários de diferentes autores sobre a felicidade. Avançando para o século XVIII, mais de cinquenta tratados filosóficos foram dedicados ao mesmo assunto. E, ainda hoje, a felicidade segue entre os temas mais lidos, discutidos, televisionados, filmados e postados no mundo inteiro.

Para manter o exemplo dos outros capítulos e nos ajudar a refletir sobre esse tema, nada melhor do que começar pela origem da palavra. Os gregos (sempre eles!) tinham um filósofo que abordou diretamente o conceito de felicidade em uma obra escrita para seu filho, chamada *Ética a Nicômaco*. Estou falando de Aristóteles, nascido em Estagira e que foi aluno de Platão, que por sua vez foi aluno de Sócrates. Os três são o trio parada dura da filosofia ocidental.

Para Aristóteles, o objetivo primordial da vida em comunidade era a busca da felicidade. Ele argumentava que não fazia sentido uma felicidade puramente individual:

de que adiantava estar feliz se todos ao redor estavam infelizes? O filósofo também analisou o que as pessoas costumavam chamar de felicidade e apontou um erro comum: confundir dar-se bem com ser feliz. Prazer, riqueza e honra, segundo ele, não são sinônimos de felicidade por si só. Para quem quiser se aprofundar no tema, vale a leitura desse clássico da Filosofia.

O filósofo estagirita usou a palavra grega *eudaimonia* (*eu*, bom + *daimon*, espírito) para designar a felicidade, ou seja, seria o mesmo que "ter um bom espírito". Para ele, felicidade, a "boa vida", não era apenas um estado passageiro de alegria, mas sim viver de forma plena e em harmonia com o seu mundo interior. O ponto central da visão aristotélica é que, para alcançar essa boa vida, são indispensáveis o movimento e a ação. A passividade não conduz à felicidade. Passar horas nas redes sociais, observando passivamente a suposta felicidade alheia, é a prova incontestável disso: quanto mais assistimos, mais nos sentimos infelizes.

Mas a origem da palavra "felicidade" não se limita aos gregos. O termo que usamos hoje também tem raízes no latim antigo: *felix* significa "fecundo" ou "fértil", ou seja, algo que proporciona satisfação, alegria e realização, e foi dessa ideia que surgiu a nossa concepção de felicidade.

Esse tema sempre me fascinou. Muitos anos atrás, decidi perguntar a centenas de crianças de diferentes regiões do Brasil e de variadas realidades sociais: "O que te deixa feliz?". As respostas foram singelas e comoventes. Talvez surpreendentes para alguns, mas não para mim. Quem trabalha com a infância sabe que as crianças não são felizes apenas por ganhar coisas materiais. Claro que presentes são legais, mas a verdadeira felicidade delas vem de algo mais simples. Aqui estão algumas das respostas que recebi:

- Ficar com a família
- Ver minha mãe feliz
- Coisas quentinhas
- Assistir à TV com meus pais
- Ter um cachorro
- Brincar com os amigos
- Jogar futebol e ir para a piscina
- Passear com a família
- Fazer careta
- O Cauã me deixa feliz
- Comer coisas gostosas

A frase que mais repito em casa desde que minhas filhas eram pequenas, e que gostaria que estivesse gravada na minha lápide, é "A felicidade mora ao lado". E ela está tão próxima que, muitas vezes, não conseguimos enxergá-la.

Então vamos ver como os antigos contavam suas histórias sobre um tema que nunca sairá de moda.

Uma pedra no caminho

Quando estou ansioso, angustiado com as mil preocupações diárias e futuras, procuro me lembrar desta história que ouvi há muitos anos. Ela não resolve os meus problemas, mas me ajuda muito a pensar em como lidar com eles.

Uma anciã caminhava com seu jovem neto à beira de um lindo lago.

– Como você está, meu querido neto?

– Ah, vó, nada bem.

A avó parou e, com um gesto gentil, convidou o neto a se sentar em um banco de frente para o lago.

– Me conte o que está acontecendo.

O jovem, inquieto, movia as mãos e as pernas sem parar.

– Estou indo mal na faculdade, meus pais só brigam comigo, tenho poucos amigos, nenhuma namorada e não consigo realizar meu sonho.

– E qual é o seu sonho, meu neto?

– O sonho de todo mundo, vó: quero ser feliz!

A avó sorriu levemente.

– Mas você sabe o que é a felicidade?

– Eu achava que sabia, mas agora acho que não sei. Vó, você sabe o que é felicidade?

A anciã levantou-se, pediu para o neto ficar de pé e juntos caminharam até a margem do lago.

– O que você vê?

O neto olhou para a frente e respondeu:

– Um lago com águas tão lisas que refletem o céu lindamente.

– Agora, pegue aquela pedra ali no chão.

O neto se animou, achando que iriam brincar de fazer a pedra quicar sobre a água, como faziam quando ele era criança.

– Quem começa, vó?

A avó soltou uma risada gostosa.

– Não, meu neto. Não vamos quicar nada.

– Então, o que faço com essa pedra?

– Apenas jogue bem alto e deixe-a cair no meio da água.

O neto atirou a pedra no lago. Assim que ela tocou a superfície tranquila, formaram-se ondas que se expandiram em círculos pelo espelho d'água.

A avó observou por um instante e disse com serenidade:

– A felicidade é como esse lago. Quando está calmo e sereno, reflete uma mente em paz. Mas, se você começar a lançar nele suas preocupações, desejos insaciáveis e frustrações, a tranquilidade se rompe e sua mente se verá presa nesses círculos, incapaz de encontrar descanso.

O jovem ficou em silêncio, observando o lago recuperar aos poucos sua quietude. Segurou carinhosamente a mão da avó e murmurou:

– Acho que entendi, vó. Mas então acho que nunca conseguirei ser feliz.

– E por que, meu neto?

– Porque as pedras, reais e imaginárias, não param de cair na minha mente. Eu queria ser feliz como a senhora.

A avó sorriu e fez um carinho no rosto do neto.

– E quem disse que sou feliz?

O jovem arregalou os olhos, confuso. Como assim? Sua avó havia explicado, de forma belíssima, o segredo da felicidade e ela mesma não era feliz?

– Mas, vó, a senhora ainda aceita que as pedras caiam na sua mente?

A anciã assentiu suavemente.

– Meu querido, a vida me ensinou a desviar de muitas pedras, mas algumas ainda caem no lago da minha mente. O mais importante é saber que elas existem, sempre existirão, e que podemos nos esforçar para, quando caírem, buscar lugares, pessoas e forças dentro de nós mesmos que nos ajudem a serenar de novo.

Os olhos do neto brilharam.

– Vó… Essa busca é a própria felicidade!

A avó sorriu com ternura, puxou o neto para perto e sapecou um beijo carinhoso em sua bochecha.

> *Reconhecer que as pedras de preocupações sempre existirão é o primeiro passo rumo à felicidade.*

Vitória de Pirro

Você já ouviu a expressão "vitória de Pirro"? Ela é utilizada para descrever uma conquista obtida a um custo tão elevado que a pessoa se questiona se realmente valeu a pena ter vencido. A origem dessa expressão remonta a Pirro de Epiro, um rei grego conhecido por suas campanhas militares contra Roma. Embora vitorioso em batalhas como a de Ásculo, suas perdas foram tão significativas que ele teria afirmado: "Mais uma vitória como esta, e estarei perdido". Portanto, da próxima vez que você ler essa expressão usada, por exemplo, a respeito de um time de futebol que ganhou uma partida importantíssima, mas perdeu cinco dos seus melhores jogadores para contusões sérias, você entenderá mais profundamente o seu significado.

Nossa compreensão sobre a vida de Pirro e de outras figuras históricas deve-se, em grande parte, a biógrafos antigos como Plutarco. Sua obra *Vidas paralelas* é uma coleção de biografias de homens ilustres da Grécia e de Roma organizadas em pares e que narram suas conquistas e derrotas no campo militar e pessoal. São leituras deliciosas! Minha preferida é a de Alexandre, o Grande e Júlio César.

Em uma dessas biografias, Plutarco narra a história de Pirro, revelando detalhes sobre sua vida e suas campanhas militares. Esses relatos não apenas informam sobre eventos históricos, mas também refletem as lições morais e éticas que podemos extrair dessas experiências. E, claro, muitas desses relatos soam mais como lendas ou fofocas, e é o que os tornam uma leitura ainda mais prazerosa e repleta de simbolismos. Escolhi uma das histórias de Pirro para abordar o tema do nosso capítulo. Vamos a ela.

A mente do rei Pirro era um mar revolto de pensamentos. Assim que voltava vitorioso do campo de batalha, já estava pensando em suas próximas conquistas militares. "Temos que aproveitar os ventos da fortuna, da sorte! Os deuses estão do nosso lado", era o que sempre dizia quando lhe pediam para ser mais prudente.

Pirro tinha um conselheiro que, além de prudente, era considerado por muitos um dos homens mais sábios do seu tempo, Cíneas.

— Meu querido amigo Cíneas. Preparado para me acompanhar na próxima batalha?

— Majestade, e contra quem guerrearemos agora?

Pirro saiu de seu confortável sofá alongado, sentou-se ao lado de Cíneas, encheu-lhe o copo com um vinho de excelente qualidade e disse:

— Reconhece o sabor desse vinho?

Cíneas fechou os olhos ao prová-lo.

— Imagino que seja dos vinhedos próximos a Roma.

Pirro gargalhou com gosto.

— Por isso gosto tanto de você, meu velho amigo. Sim, vinho romano! E não seria bom ser dono da terra que produz tamanha qualidade?

— Pirro, você quer guerrear contra Roma?

— Por quê? Não quer ser dono de um vinhedo por lá?

– Majestade, mas o senhor já está tomando um vinho romano.

– Cíneas, Cíneas, você sempre com as suas ironias. Sócrates, se estivesse vivo, adoraria tê-lo como aluno.

Os dois, que se conheciam havia muito tempo, riram, encheram novamente o copo e a conversa continuou:

– Majestade, agora é sério. Por que guerrear contra os romanos?

– Porque eles já subjugaram muitos povos. E, quando os vencermos, provaremos que somos melhores do que todos eles.

– E se os deuses novamente nos ajudarem e vencermos os romanos, o que vem depois?

Pirro adorou ouvir as palavras, "vencermos os romanos". Ele ficou inquieto e com uma vontade louca de chamar seus comandantes para começar os preparativos da guerra.

– Cíneas! Depois? Depois de conquistar toda a Itália, marcharemos para a Sicília. Uma ilha riquíssima e estratégica para qualquer reino. Ah, quanto ouro, quanta glória nos aguardam!

– Que maravilha, Majestade, conquistaremos a Itália e a Sicília. E por que parar por aí? Por que não vamos depois conquistar a África e Cartago?

O rei ficou exultante:

– Isso, Cíneas, você começou a entender tudo! Sim, a África e Cartago. E depois vamos em direção à Macedônia para recuperá-la e em seguida tomaremos a Grécia inteira.

Pirro jogou todas as louças que estavam na mesa ao chão com um grande estrondo e pediu ao escravo que entrara para ver o ocorrido:

– Traga-me agora o mapa que está no meu aposento!

Ao abri-lo na mesa, Pirro começou a traçar com o seu dedo indicador todos os lugares que conquistaria. Ele seria um conquistador à altura de Alexandre, o Grande.

– Majestade.

Ao ouvir a voz de Cíneas, Pirro, voltou a realidade.

– O que foi?

– E depois?

– Depois do que, Cíneas?

– Depois de conquistar Itália, Sicília, África, Cartago e toda a Grécia, o que vem depois?

Pirro se aproximou do conselheiro e começou a ter um ataque de riso, motivado também pela grande quantidade de vinho que tomara.

– Meu querido amigo. Depois, descansaremos. Daremos grandes banquetes. Conversaremos sobre os mais diferentes assuntos. Ouviremos poesias e histórias de nossos ancestrais.

Cíneas olhou seriamente para o rei, que sentiu que o seu conselheiro desembainharia a sua mais poderosa espada, sua sabedoria.

– Majestade, e o que nos impede de descansarmos agora, de termos grandes banquetes, de conversarmos sobre os mais diferentes assuntos, de ouvirmos poesias e histórias de nossos ancestrais?

O rei Pirro de Epiro sentiu a espada feita de palavras penetrar na sua mente. Sim, tudo que desejava como objetivo final de tantas guerras e conquistas ele já possuía. Pirro enrolou o mapa, amarrou-o com um fio de couro e sentou-se ao lado do amigo.

– Mais vinho, querido Cíneas?

– Sim, Majestade.

E, bebendo em silêncio, a mente do rei foi se aquietando até adormecer.

Gastamos mais tempo lamentando o que nos falta do que celebrando o que já alcançamos.

Nem tudo está perdido

Vamos reencontrar nesta história um velho conhecido, Nasrudin, o sábio idiota. Ele compreendia que, por meio do humor, nossas defesas racionais se desarmam, permitindo que mensagens profundas e significativas alcancem diretamente nosso coração e nossa mente. Uma história curta para uma jornada longa.

Nasrudin tinha uma paixão especial por Said, seu burro. Muitos diziam que ele amava mais o animal do que a própria esposa. O mestre nunca negava tal insinuação, o que deixava todos, e principalmente sua esposa, com a pulga atrás da orelha.

Certo final de tarde, quando o sol tingia as paredes do vilarejo com tons alaranjados, os moradores observaram Nasrudin andando de um lado para outro com um sorriso radiante estampado no rosto.

– O que foi, mestre? – perguntaram os que lá estavam.

– Perdi o Said.

As pessoas se entreolharam, não estavam entendendo nada:

– E por que então está com esse sorriso enorme no seu rosto?

– Porque imagina só a felicidade que vou sentir quando encontrá-lo!

Depois de um tempo, Said apareceu. E o mestre então murmurou para si mesmo:

Para nos encontrarmos na vida,
precisamos primeiramente nos perder.

O filósofo risonho

Um dos meus maiores prazeres como leitor é encontrar, em textos antigos, histórias pessoais dos personagens que estudei na escola e na universidade, mas que nunca ninguém me contou. Episódios corriqueiros, emocionantes, divertidos, trágicos, exemplares, decepcionantes, curiosos; são esses bastidores da vida que me aproximam de grandes mulheres e homens do passado.

Em minhas palestras pelo mundo, sempre aconselho os professores a prepararem o terreno antes de mergulharem nas teorias filosóficas ou científicas destes grandes personagens, contando sobre a vida "civil" deles. São anedotas que despertam o interesse do aluno e fazem com que ele fique mais receptivo ao conteúdo, muitas vezes de difícil compreensão, que virá depois.

Por exemplo, entrar diretamente na tabela periódica ao falar de Marie Curie não tem o mesmo impacto do que antes contar a jornada dessa polonesa até Paris, sua luta incansável pela ciência, a descoberta de um novo elemento químico, o polônio, batizado em homenagem a seu país de origem, além da conquista de dois prêmios Nobel. Ela teve uma jornada de superação e sofrimento que envolve, por exemplo, a morte trágica de seu marido, atropelado por uma carroça no auge da carreira, e artigos sensacionalistas e misóginos sobre sua vida amorosa publicados logo depois nos jornais franceses da época. E há tantas outras passagens fascinantes! Tudo isso, com certeza, fará com que a química ganhe um significado muito mais vívido para os alunos.

Outro exemplo é o do filósofo Immanuel Kant, cujos textos requerem muito esforço da nossa parte para serem compreendidos. Talvez seja mais interessante para os alunos se começarmos contando que ele era tão metódico que os habitantes de Königsberg ajustavam seus relógios ao vê-lo passar em suas caminhadas diárias.

E o que dizer de Sócrates, cujas lendas e histórias são tantas que dariam um livro à parte. Sócrates nunca escreveu nada de próprio punho, tudo que sabemos sobre ele vem de seus discípulos, como Platão. Uma das histórias de bastidor de que mais gosto nos conta que um especialista em fisiognomia (análise da personalidade por meio das feições) examinou Sócrates e concluiu que ele tinha tendências aos vícios e maus instintos. Seus alunos ficaram furiosos e quase bateram no estudioso! Mas Sócrates, com sua sabedoria, os acalmou dizendo: "O especialista está certíssimo. Tenho dentro de mim todas essas fraquezas, mas minha razão e disciplina as combatem e controlam diariamente".

A história que escolhi para compartilhar a seguir também é de um filósofo que estudei na escola e na faculdade, mas cujo lado mais interessante só descobri tardiamente – e tem tudo a ver com o nosso tema.

Seu nome é Demócrito de Abdera, mas ele é mais conhecido apenas como Demócrito. Se esse nome lhe soa familiar e lhe remete ao pai do atomismo, à concepção materialista segundo a qual tudo é feito de átomos (menores unidades da matéria) e vazio, saiba que é ele mesmo. Segundo Demócrito, todas as coisas, inclusive a alma, são compostas por átomos infinitos.

Demócrito foi um filósofo pré-socrático e um verdadeiro profeta científico. Enquanto alguns de seus contemporâneos, como Heráclito, Tales de Mileto e Anaxímenes, defendiam que tudo se originava do fogo, da água ou do ar, Demócrito foi muito além, milhares de anos à frente de seu tempo. A palavra de origem grega "átomo" foi criada por ele: *a* (não, sem) + *tomos* (cortar, dividir), que significa "indivisível". Acredito que, se tivesse vivido mais alguns séculos, ele teria revisado sua teoria e previsto o mundo quântico.

Foi durante as minhas leituras do historiador e biógrafo Diógenes Laércio em sua famosa obra *Vidas e doutrinas dos filósofos ilustres* que aprendi que Demócrito era também conhecido como "o filósofo que ri". Fiquei fascinado com tal revelação.

Anos depois da leitura de Laércio, fiz outra descoberta impressionante: uma das fábulas de Jean de La Fontaine, o criador do clássico "A lebre e a tartaruga", recontava a história do filósofo risonho. Esse conto de La Fontaine, por sua vez, está ilustrado em um lindo azulejo da Real Escola do Mosteiro de São Vicente de Fora, em Portugal.

Então, vamos ao reconto.

A cidade de Abdera era um centro comercial e intelectual próspero. Sua riqueza derivava principalmente do comércio marítimo. O porto era um mar de gente circulando com sacos de grãos, peixes defumados, vinhos aromáticos, entre outros produtos. Com o dinheiro fruto do comércio, foram construídos na cidade templos grandiosos dedicados a deuses como Apolo e Palas Atena, além de uma infraestrutura robusta para o povo. O desenvolvimento também atingia a arte, a política e a filosofia.

Foi em Abdera que nasceu um dos mais famosos sofistas pré-socráticos, Protágoras, e depois dele um filósofo excepcional de nome Demócrito. Além de pensar sobre o mundo das coisas visíveis e invisíveis, Demócrito adorava bater perna pela cidade. Ele passeava pelo porto barulhento, pelos templos, pelas ruas comerciais e ficava horas na ágora ouvindo os embates políticos.

Um dia, passeando no porto, Demócrito ouviu um marinheiro reclamando sem parar do sabor das azeitonas que tinha comido em Atenas.

– Hahahahahahahaha!

A risada do filósofo chamou a atenção de todos ao seu redor.

– Você está rindo da minha cara? – vociferou, incomodado, o marinheiro.

O filósofo abaixou a cabeça e foi embora com um sorriso no rosto, dessa vez sem ninguém notar.

Na manhã seguinte, Demócrito foi bater perna na principal rua de comércio e reparou nas pessoas negociando preços de mercadorias, elogiando os produtos, reclamando da falta de alguma verdura ou fruta. E, do nada, o filósofo começou a gargalhar em alto e bom som. Um pequeno grupo parou e olhou a cena. Um comerciante então disse:

– Filósofo, está tudo bem com você?

E a resposta foi:

– Hahahahahahahaha!

O povo passou a cochichar que Demócrito estava louco, tinha perdido a razão. Ele apenas abaixava a cabeça e saía novamente com um sorriso disfarçado no rosto.

Tal cena se repetiu por semanas: ele frequentava os templos, ouvia as pessoas pedindo ajuda aos deuses para curar suas doenças, ajudar nos negócios e no amor; frequentava a ágora e ouvia as fofocas maliciosas contra políticos, tramas para conseguir mais poder e dinheiro; e por todo lugar a risada do filósofo ecoava.

Um amigo de Demócrito ficou tão preocupado que decidiu enviar uma carta para Hipócrates, o pai da medicina. Depois de algumas semanas, a carta chegou à ilha de Cós, lar de Hipócrates. Ao lê-la e descobrir que o problema era com o famoso filósofo Demócrito, o médico não pensou duas vezes: fez as malas e embarcou com destino a Abdera.

Ao chegar à cidade do filósofo risonho, Hipócrates foi recebido com pompa e circunstância, mas o que ele queria mesmo era ver o seu paciente. O encontro desses dois gigantes da Antiguidade foi cordial, amistoso.

– Quem lhe chamou até a minha humilde casa, Hipócrates de Cós?

O amigo que havia escrito a carta e que, naquele momento, estava ali com outros alunos do Demócrito disse:

– Fui, eu, professor. Estamos todos preocupados com o senhor!

A resposta foi:

– Hahahahahahahahaha!

– Está vendo, Hipócrates! É isso! Ele não para de gargalhar por tudo que é canto! É culpa dos deuses?

Hipócrates sorriu e respondeu:

– Se for culpa dos deuses, por que me chamou? Nenhuma doença é um castigo dos deuses, mas um processo natural do corpo.

Tal afirmação era revolucionária em uma época de tanta superstição e crenças religiosas.

– Vou pedir que me deixem a sós com Demócrito – continuou o médico.

Os alunos foram saindo, mas um, tomado de coragem, disse:

— Estou com uma dor de dente insuportável, o que me recomenda?

Hipócrates abriu uma pequena sacola e estendeu uma moeda de cobre ao aluno:

— Morda essa moeda de cobre três vezes ao dia, a dor será atenuada.

Nem sempre as dicas de Hipócrates eram das mais sensatas, mas ele fazia o seu melhor em uma época de conhecimentos médicos limitadíssimos. O aluno pegou a moeda e já a pôs na boca. Ouviu-se um pequeno grunhido de dor e a porta se fechou.

— Bom, estamos finalmente a sós. Quero saber como você está se sentindo, Demócrito.

— Nunca estive melhor!

Hipócrates pediu licença para examinar o corpo do paciente e ver suas fezes e urina, parte importante para o diagnóstico de muitas doenças. Perguntou sobre a alimentação do filósofo, porque sabia que o que comemos pode tanto ser nosso remédio como provocar diversas doenças.

— Encontrou algum problema no meu corpo, Hipócrates?

— Não, nada.

— Quer abrir meu cérebro? — disse o filósofo, rindo.

— De jeito nenhum! Sempre digo que um médico deve evitar ao máximo causar dano aos pacientes. E você não me parece nada doente.

— O que acha de passear pela cidade, Hipócrates?

O médico gostou da ideia e os dois começaram a peripatetizar, caminhando e conversando. Quando cruzaram com um homem que praguejava contra uma abelha que o havia picado no nariz, Demócrito desabou de rir.

Hipócrates viu a cena e se segurou para não se contagiar com aquela deliciosa gargalhada. Puxou delicadamente o filósofo até a sombra de uma árvore, sentaram-se e o médico foi direto ao ponto.

– Por que você está rindo dessa forma nos últimos tempos?

– Rio das tolices e das vaidades humanas. Rio porque vejo todos correndo em frenesi atrás de riquezas, poder e glória. Rio porque vejo que todos se esquecem do quanto a vida é curta, passageira e incerta. Rio porque ninguém percebe que o mundo está cheio de coisas de que não precisamos para sermos felizes.

Os pensamentos do médico foram chacoalhados por um terremoto ao ouvir as palavras do filósofo risonho.

– Demócrito, você é uma das pessoas mais saudáveis que já conheci na vida. Vamos continuar a nossa caminhada.

Hipócrates voltou para Cós repleto de reflexões. Dizem que Demócrito viveu até os 109 anos e muitos atribuíram essa longevidade ao seu bom humor.

Uma boa risada pode mudar tudo.

Ó vida, ó azar!

"Ó vida, ó azar…" Você se lembra dessa famosa expressão dita por Hardy, a hiena do desenho animado *Lippy e Hardy*, produzido pelos estúdios Hanna-Barbera nos anos 1970? Se sim, entregou a idade!

Hardy era uma pessimista nata, sempre reclamando da vida e esperando o pior; já Lippy, o leão, era o oposto: um otimista incurável e aventureiro. Conheço pessoas dos dois tipos e confesso que tenho dentro de mim um pouco da Hardy e um pouco do Lippy. Por exemplo, acredito que o otimista criou o avião, e que o pessimista inventou o paraquedas. Portanto, nem tanto ao mar, nem tanto à terra. E, por mais otimista que você seja, duvido que nunca tenha tido um daqueles dias em que tudo deu errado, tudo! E aí você se sente a pessoa mais azarada do mundo. Já passei por vários momentos assim, mas um deles se destacou.

Eu e minha esposa nunca demos muita importância para carros. Sempre compramos um veículo de acordo com nossas condições financeiras e ficamos com ele por anos. Nada contra trocar de carro com frequência ou investir em um modelo mais sofisticado, mas isso nunca foi a nossa prioridade. Para nós, quando depois de muitos anos o carro começa a dar mais trabalho na manutenção, aí é hora de vender um para comprar outro que fique mais alguns bons anos conosco.

Em um desses momentos de venda, estava difícil encontrar um comprador. Depois de meses, enfim a venda estava fechada. Ficamos felizes. No dia da confirmação, fui a um encontro com queridos amigos escritores. Parado em um semáforo perto da Praça Panamericana, em São Paulo, um carro não parou no vermelho. Parou na minha traseira!

Foi uma batida forte. O impacto me jogou para a frente. Saí do carro, atordoado. O motorista que bateu também saiu... chorando! Sim, chorando! E ainda me disse que era a segunda batida dele em dois meses. (Alô, Detran! Vamos melhorar esse processo para o pessoal tirar a habilitação?)

Respirei fundo e procurei acalmar o rapaz. Trocamos informações e deixaríamos o resto para as companhias de seguro. Mas eu já sabia: a venda do carro tinha ido para o beleléu. O conserto levaria semanas e o comprador queria um carro impecável, sem histórico de batidas.

Mas o dia ainda não tinha terminado. E juro que tudo o que vou contar a seguir é verdade.

Cheguei em casa com o carro estropiado e fui recebido com... uma multa por transitar de carro no horário do rodízio! O que mais poderia acontecer? Contei da batida para a minha esposa. Ela ficou incrédula. Fui tomar um banho para relaxar e... acabou a luz! Só podia ser castigo do céu! Depois de um banho frio, que no final das contas foi revigorante, me sentei para comer algo, tentando me acalmar. Bater o carro, receber uma multa e tomar um banho frio não era o fim do mundo, pensei. Muitas coisas piores podem acontecer.

Sim, podem. À noite, só queria descansar e recuperar as energias para um novo dia. Mas o vizinho resolveu dar uma festa de arromba! Com músicas que eu odeio! E gritos e risadas insuportáveis! Bom, foi um dia daqueles para esquecer, mas que, pelo jeito, nunca esquecerei. Ainda mais agora que ele ficará para sempre registrado por aqui.

Lembrando do Hardy e do dia que parecia nunca ter fim... adivinhe do que mais me lembrei? Claro, de uma história antiquíssima que já contei muitas vezes e que dialoga com meu relato e o nosso tema. Vamos a ela.

Na antiga Grécia, um rei não tomava nenhuma decisão sem antes consultar o seu principal conselheiro e fiel amigo Klíros.

— Klíros, meus outros conselheiros estão me enlouquecendo!

— O que foi dessa vez, Majestade?

— Kakía insiste em aumentar os impostos. Diz que precisamos do dinheiro para tornar o meu palácio o mais bonito de toda a Grécia, porque só assim serei respeitado por todos.

O conselheiro preferido do rei conhecia bem os seus colegas. Eram pessoas invejosas, ciumentas e más. E nunca falavam ou faziam algo sem pensar primeiro em seus próprios benefícios.

— Majestade, o maior respeito é aquele que o senhor tem do seu povo. E aumentar impostos para uma obra desnecessária não será bem recebido por eles.

— Querido Klíros, o que seria de mim sem você? O meu palácio já é magnífico e graças aos seus conselhos o orçamento está equilibrado. Não sei por que não mando todos esses conselheiros embora.

— Majestade, já falamos sobre isso. Eles são nobres importantes, e precisamos deles para manter a paz no reino.

— Muito bem, Klíros, que fiquem. Desde que eu tenha você ao meu lado, nada me preocupa.

Além de ser o homem da mais alta confiança do rei, Klíros era um marido e pai exemplar. Sua bondade, sabedoria e coragem eram reconhecidas por todos. Ele se considerava abençoado pelos deuses, um homem de sorte, feliz. Mas a vida é mais sinuosa do que gostaríamos. E, enquanto achamos que está tudo sob controle, os deuses riem de nossos planos futuros.

Certa noite, após um longo dia no palácio, Klíros decidiu relaxar nas águas termais da cidade. Queria aproveitar o banho quente, saborear pepinos e azeitonas em conserva e chegar revigorado em casa. Ao entrar nas termas, tirou suas roupas e mergulhou na imensa piscina de mármore, adornada com mosaicos coloridos. Passou duas horas de puro prazer e relaxamento. No caminho de volta, porém, percebeu algo estranho em sua mão: seu anel havia desaparecido. Tinha sido um presente do rei, de custo astronômico, mas o real valor daquela joia era o que ela representava: a amizade e confiança entre ambos.

O conselheiro então voltou correndo para as termas, vasculhou cada canto do lugar, mergulhou novamente na água quente e nada. Quando estava prestes a desistir, viu o anel abraçado a um pepino em conserva, sobre um prato esquecido num canto.

Klíros respirou aliviado, mas ao mesmo tempo uma sombra penetrou em seu coração. Voltou correndo para casa, chamou a família e ordenou:

– Arrumem tudo e coloquem nos baús. Partam imediatamente para longe do nosso reino.

A mulher e os filhos não entenderam nada, fizeram mil perguntas, mas não obtiveram respostas.

– Por favor, me obedeçam! Vou pedir que nossos empregados os acompanhem. Vocês devem ir para a fazenda do meu tio, ele os acolherá sem muitas perguntas.

— E vamos nos ver novamente? — perguntou a esposa com olhos molhados.

— Não sei, espero que sim. Agora vão!

A família chorosa partiu às pressas.

No dia seguinte, Klíros foi até o palácio e tudo parecia bem, até Kakía o abordar:

— Sei que foi você, seu verme! Foi você que convenceu o rei a não gastar dinheiro na ampliação do palácio.

— Kakía, não há necessidade alguma de aumentar os impostos do povo para algo que não fará diferença para ninguém.

— Como não? Fará diferença para mim! Quem faria a obra seria um empreiteiro amigo meu, compreendeu?

— Sim, muito bem, Kakía.

— Já entendi, você quer a sua parte, não é? Me diga, quanto quer?

— Quero o melhor para o rei e o nosso povo. Tenha um bom dia, Kakía.

Klíros era amado pelo rei, pelo povo e pela sua família. Mas os conselheiros do rei o invejavam, odiavam, desprezavam... E por isso sempre tentavam difamá-lo, caluniá-lo, mas sem sucesso. Acontece que Kakía ficou tão possesso por causa do dinheiro que deixaria de ganhar, que decidiu aliar-se a outros dois conselheiros, Fthónos e Zília, que também queriam se livrar de Klíros para sempre. Assim, os três decidiram aumentar a batelada de calúnias e maledicências sobre o conselheiro preferido do rei.

Zília descobriu que a família de Klíros havia deixado o reino às pressas e começou a envenenar o rei com insinuações maliciosas.

— Majestade, ficou sabendo que a família de Klíros fugiu do reino?

— Como assim, Zília?

– Dizem que ele se uniu aos seus inimigos e está preparando um golpe contra o senhor. Mandou a família embora para que fiquem a salvo caso algo dê errado.

– Bobagem, Zília. Confio cegamente nele. Isso deve ser fofoca do povo.

Nos dias seguintes, Fthónos e Kakía continuaram pressionando e envenenando o soberano... Até que uma centelha de desconfiança se acendeu em sua mente e o rei chamou Klíros para uma conversa.

– Querido amigo, como está a sua família?

– Bem, Majestade. Obrigado por perguntar, isso não é comum da sua parte.

O rei começou a se remexer no trono.

– Fico contente que estejam bem. Queria fazer algo que há muito estou lhe devendo, Klíros.

– Não me deve nada, Majestade.

– Sim, devo. Uma visita à sua casa e família.

– Quando?

– Agora.

– Será impossível, Majestade. Eles saíram da cidade faz alguns dias...

O rei se levantou, furioso.

– Guardas! Guardas! Prendam este homem! Traidor!

O conselheiro ficou chocado com o desenrolar dos acontecimentos, mas ao mesmo tempo parecia ter pressentido que algo de muito ruim iria atingi-lo a qualquer momento.

– Majestade, me deixe explicar por que a minha família foi embora.

– Calado! Farsante! Vendido! Quanto dinheiro os meus inimigos lhe prometeram pela sua traição?

O conselheiro não conseguiu responder mais nada e foi levado à masmorra do palácio. A sua sentença seria a morte.

Na prisão, Klíros passou por suplícios inimagináveis! Torturas, fome, sede, frio... Ele implorava para o carcereiro que lhe desse mais comida, mais água, mas o sadismo do homem era doentio: levava água, mas a bebia toda na sua frente; levava comida e a jogava pela janela. Além disso, deixava a cela acumular imundices que cobriam os pés do pobre conselheiro.

O dia da execução se aproximava, e era de praxe que o condenado recebesse alguma visita, mas, como sua família estava longe, foi um vizinho muito amigo de Klíros que foi vê-lo na prisão.

O vizinho ficou horrorizado. Klíros era um fiapo de gente, sujo, esquelético e cheio de feridas abertas pelo corpo.

– O que fizeram com você, Klíros?

O conselheiro mal conseguia erguer a cabeça tamanha fraqueza.

– Acredito na sua inocência, sei da sua índole e do amor que tem pelo rei, pelo povo e pela sua família – disse o amigo.

Klíros agradeceu com uma voz quase inaudível.

– Tenho de ir embora em breve, mas lhe trouxe um presente.

Cauteloso, o vizinho olhou ao redor para verificar se o guarda o observava. Enfiou a mão num pequeno saco e tirou de lá um baclavá de nozes. Klíros pareceu ter acordado do mundo dos mortos ao sentir o cheiro do seu doce preferido.

– Tome e coma devagar – disse o vizinho, passando o doce para o prisioneiro.

Mas, assim que o doce pousou na palma da mão do Klíros, um corvo que estava parado na janela da cela observando toda a cena voou, bicou o doce e se mandou!

– Maldito, corvo – disse inconformado o vizinho.

Klíros, por outro lado, teve um sentimento ambíguo: por um lado, muita frustração e azar; por outro, uma sensação parecida com a que sentiu ao achar seu anel nas termas. Seus olhos brilharam pela primeira vez em dias e então disse para o vizinho:

— Preste muito atenção. Mande uma carta para a minha família e diga para eles voltarem imediatamente para o reino.

— Klíros, isso é muito perigoso. O que está acontecendo?

— Faça isso, te imploro! Pode ser meu último pedido ainda vivo.

O vizinho foi embora com o endereço do tio de Klíros decorado na mente. No dia seguinte, o conselheiro recebeu uma visita inesperada.

— Majestade?

— Guarda, abra imediatamente essa cela! E limpe e alimente esse homem! — disse o rei energicamente.

Quando Klíros ficou mais apresentável e com as forças um pouco recuperadas, o rei se aproximou e, com os olhos marejados, disse:

— Espero que um dia você me perdoe, querido amigo.

— O que aconteceu, Majestade?

— Um empregado do palácio que te admira muito ouviu uma conversa entre Kákia, Zília e Fthónos contando tudo que fizeram contra você. Imediatamente fui atrás da verdade e assim que a encontrei mandei executar os três!

O conselheiro estava mastigando um pedaço de pão e ouvindo o rei.

— O que fiz com você foi imperdoável e não sei como reparar tamanho dano causado.

Klíros, mesmo como um farrapo humano, consolou o rei e disse:

— Posso descansar um pouco e depois voltamos a conversar?

— Claro!

O conselheiro foi levado para o melhor aposento real, lhe deram um banho, roupas novas e uma cama que parecia uma nuvem de tão macia. No dia seguinte, o rei foi visitá-lo.

— Espero que esteja se recuperando.

— Sim, Majestade.

— Queria saber se posso tê-lo novamente como meu conselheiro e prometo nunca mais duvidar de sua lealdade e amizade.

Klíros assentiu e o rei lhe deu um forte abraço.

— Mas, Klíros, só não entendi por que a sua família foi embora tão abruptamente do nosso reino.

— Pode ficar tranquilo, Majestade, já chamei todos de volta para casa.

— Como assim? Antes de eu ir a sua cela?

— Sim, antes.

— Mas como você sabia...

Klíros respirou fundo, ficou alguns segundos em silêncio e disse ao rei:

— Há algumas semanas, estava voltando das termas públicas e percebi que havia perdido o anel com o qual me presenteara. Voltei correndo para buscá-lo, e imagine a dificuldade para encontrar um anel desse valor num lugar com tantas pessoas circulando.

— Sim, a chance de ter sido furtado é grande.

— Não só ele não foi furtado, Majestade, como o encontrei abraçado a um pepino em conserva.

O rei deu uma risada.

— Quando encontrei o anel, Majestade, tive uma revelação! Um despertar interior! A minha vida até aquele momento era a mais feliz possível! Eu tinha tudo o que mais queria na vida: o amor da minha família, o respeito do meu povo, a admiração do meu rei. E a sorte estava sempre ao meu lado! Entendi que havia chegado ao topo, Majestade!

Mais alto do que isso não daria para ir, portanto… A queda começaria a qualquer momento.

– E por isso enviou a sua família para longe?

– Sim, Majestade, queria protegê-los dos infortúnios que me alcançariam.

– E eles te alcançaram, Klíros. Sinto muito por isso, amigo. Mas por que você mandou chamá-los de volta antes do nosso encontro?

– Majestade, um dia antes da sua chegada fui visitado na cela por um vizinho e ele me levou o meu doce preferido.

– Baclavá!

– Sim, Majestade. Mas acontece que assim que coloquei o doce na minha mão um corvo ladrão o roubou de mim.

– Que azar!

– Mais do que isso, Majestade. Desde o momento que começou a minha descida ao inferno, o meu sofrimento parecia não ter fim. Jamais imaginei que seria possível passar por tamanhas dores e privações. E, quando finalmente chegou um pequeno prazer naquele mar de tormentas, também isso me foi tirado. Então tive a certeza de que tinha chegado ao fundo do poço e de lá não poderia mais descer, e sim subir.

O rei ficou fascinado com o relato que acabara de ouvir. O seu conselheiro era um homem sábio e conseguia entender o movimento da vida como ninguém. Ele estava feliz de tê-lo de volta ao seu lado. Depois de uma semana, o rei deu um grande banquete em homenagem a Klíros. E lá estavam a sua família, seus melhores e verdadeiros amigos e uma mesa repleta de baclavás.

A vida é como o vento: podemos sentir a sua direção, mas nunca controlá-la por completo.

Quem você deixaria entrar?

A próxima história ouvi em muitos festivais internacionais de contadores de histórias dos quais fui convidado a participar no idos dos anos 2000. É uma história singela e que faz pensar.

Uma família composta por mãe, pai e filha vivia em uma casa simples à beira de uma densa floresta. Era uma família humilde, trabalhadora e que, apesar das dificuldades, nunca passara fome. Para isso, todos ajudavam nos afazeres domésticos e no esforço para manter sempre em ordem um lindo pomar, uma criação de galinhas e duas vacas leiteiras, além de uma pequena, porém produtiva, plantação de milho.

A vida tinha seus altos e baixos, como qualquer vida. A menina, além de ajudar em casa, estudava longe dali e sempre voltava exausta da escola. O pai só conseguia relaxar quando as contas fechavam, o que muitas vezes não ocorria. E a mãe vivia com um lenço a tiracolo, sempre assoando o nariz. Ela tinha uma alergia persistente, mas não tinha tempo nem dinheiro para ir ao médico, que ficava a quilômetros de distância de seu lar. De vez em quando, o casal brigava em voz alta.

– Não aguento mais, quero ir embora daqui – desabafava a mulher.

– E para onde você vai, para a cidade? Não tem trabalho por lá. Aqui temos a nossa pequena terra e a comida que vem do nosso próprio suor – retrucava o marido.

A discussão muitas vezes escalava, e a filha, observadora e atenta às coisas do mundo de dentro e de fora, se afastava dos dois e se encolhia num canto da casa.

Certo dia, em meio a mais uma briga acalorada entre o casal, alguém bateu à porta. A mulher foi abri-la e se deparou com três homens bem velhos, cada um vestindo uma túnica de cor diferente. A mulher, de coração generoso, disse sem pensar duas vezes:

– Vocês parecem cansados. Entrem, vou preparar uma sopa bem nutritiva e gostosa para compartilharmos.

O velho de túnica esverdeada olhou para a mulher disse:

– Obrigado pelo convite, mas nós três não podemos entrar juntos. Você deve escolher apenas um de nós para apreciar a sua sopa.

– Mas quem são vocês? – disse a mulher, confusa.

– Eu sou a Riqueza – respondeu o velho de túnica esverdeada.

– Eu sou a Saúde – disse o de túnica branca.

– Eu sou o Amor – declarou, por fim, o de túnica vermelha.

A mulher achou aquilo estranho, mas a vida é muitas vezes estranha.

– Então preciso escolher entre a Riqueza, a Saúde e o Amor?

Os três velhos assentiram com a cabeça. A mulher

perguntou antes se podia conversar com a família e eles concordaram. O marido, que tinha se retirado irritado para o quarto após a briga, levou um susto ao ouvir o relato da esposa.

— Deixa-me ir lá na porta para conhecê-los.

— De jeito nenhum, você pode assustá-los. Só me diga: quem você deixaria entrar?

— Preciso escolher um só?

— Sim, foi o que me disseram.

O marido não precisou de muito tempo para decidir:

— É óbvio que a Riqueza. Chame-a agora!

A mulher pôs a mão no peito do marido, impedindo-o de avançar.

— Tinha certeza de que essa seria a sua escolha. Você é muito previsível.

— Então quem você deixaria entrar, sua sabe-tudo?

— A Saúde, claro! Quem mais precisa dela atualmente sou eu!

O bate-boca entre o casal recomeçou. E foi então que a filha, que observava tudo desde a batida na porta, foi espiar pela janela. Viu os três velhos e, quando um deles piscou para ela, compreendeu tudo.

— Pai! Mãe!

Os dois pararam de brigar. Nunca tinham ouvido a voz da filha tão alta.

— O que foi, filha? — perguntou a mãe, preocupada.

— Vocês não entenderam nada. Precisamos escolher o de túnica vermelha.

— O Amor, filha?

— Sim, o Amor.

Os pais ficaram enternecidos com a fala da filha. Seguindo a intuição da menina, foram até a porta e disseram:

— Amor, pode entrar.

Quando o velho da túnica vermelha começou a andar em direção a porta, a Saúde e a Riqueza começaram a caminhar atrás dele.

– Mas vocês me disseram para escolher um só, que os outros não entrariam!

O ancião de túnica vermelha então explicou:

– Se vocês tivessem escolhido a Riqueza, só a Riqueza entraria. Se vocês tivessem escolhido a Saúde, só a Saúde entraria. Mas quem escolhe o Amor abre a porta da sua casa também para a Saúde e a Riqueza.

Pai, mãe e filha, tomados pela emoção, deram-se as mãos e convidaram os três anciãos para se juntarem a eles em uma deliciosa refeição.

> *Ao final da jornada, não são os bens que importam, mas os laços amorosos que construímos.*

O ferreiro, o burro e o sábio

Quero compartilhar o prazer que estou tendo ao revisitar meu passado como contador de histórias e ao reler dezenas de obras de diferentes partes do mundo, tudo para trazer até você o mais essencial e nutritivo alimento da alma: histórias! Ao chegarmos à última história deste capítulo, me deparei com um dilema, mas um dilema positivo. Estou em dúvida entre três histórias para esse fechamento. Então, decidi transformar essa indecisão em uma vantagem, ao estilo "Leve 3, Pague 1": vou recontar essas três histórias, de origens distintas, como se fossem uma só. Espero que você goste dessa promoção de histórias.

Um jovem estava inconformado com a vida e com Deus. Uma tragédia atrás da outra assolava sua existência. Sua família fora acometida pela peste e apenas ele sobrevivera. Passado algum tempo, quando começava a se recuperar desse golpe cruel, foi convocado para a guerra e viu seus companheiros agonizando e morrendo no campo de batalha. Ao retornar para casa, tentou mais uma vez recomeçar. Quando finalmente planejava abrir um pequeno negócio, uma tempestade atroz inundou metade da cidade, levando consigo sua modesta casa.

Desalojado e sem família, foi acolhido pelo ferreiro da cidade, que precisava de um aprendiz. No primeiro dia de trabalho, o ferreiro olhou para o jovem e disse:

– Ânimo, menino! Vou te ensinar tudo o que sei!

– Você sabe muita coisa? – perguntou o jovem, com um olhar melancólico.

– Sei e não sei.

– Você sabe por que Deus me faz sofrer tanto? Por que colocou tantos desafios na minha jornada?

O ferreiro ficou alguns segundos em silêncio e pediu para o jovem se aproximar da forja.

– Você está vendo este pedaço de ferro?

– Sim.

– Sabe como transformá-lo em uma espada resistente?

– Não.

O ferreiro então começou a aquecer o ferro no fogo escaldante. Tirava, martelava e resfriava o metal. Repetia o processo inúmeras vezes. O suor escorria de seu rosto e sua técnica era precisa. Após algumas horas de trabalho sob o olhar atento do jovem, uma espada resistente estava pronta.

– Agora quero que você faça uma espada.

– Mas é meu primeiro dia de aprendiz!

– Sim, e daí? O primeiro dia é o começo da sua nova jornada.

O jovem, nervoso, pegou um pedaço de ferro e tentou imitar o que havia visto. Começou a aquecer o metal, mas, ansioso pelo olhar de aprovação do ferreiro, o retirou da forja antes do tempo. Ao resfriá-lo e martelá-lo, a quase-espada quebrou.

– Desculpe pelo erro.

– Tente mais uma vez – incentivou o ferreiro.

O jovem deixou o metal por mais tempo na forja, mais foi tempo demais e, quando tentou moldá-lo, a lâmina novamente se partiu.

O aprendiz estava desolado. Sentia-se incapaz. O ferreiro pediu que ele se lavasse e depois o esperasse na casa para compartilharem uma refeição. À mesa, enquanto mordiscavam um pedaço de pão e bebiam cerveja, o ferreiro retomou o assunto:

— Você me perguntou por que Deus o fez sofrer tanto, por que colocou tantos desafios na sua jornada.

— Sim.

— Você percebeu que, para fazer uma espada resistente, precisamos saber exatamente quanto tempo deixá-la na forja e como martelá-la com precisão? Se a retirarmos antes do tempo, ela será frágil. Se a deixarmos por tempo demais, também se quebrará.

Os olhos do jovem brilharam pela primeira vez em muito tempo.

— O que você está tentando me dizer é que Deus faz o mesmo conosco? Que, como um Grande Ferreiro, Ele muitas vezes nos coloca no fogo e nos molda para nos tornarmos mais fortes?

— Sua primeira lição está concluída, meu querido aprendiz. Agora vamos comer e descansar. Amanhã será um novo dia.

O jovem aprendiz permaneceu anos ao lado do ferreiro. Aprendeu a arte da forja, mas, mais do que isso, tornou-se um buscador da verdade. Um dia, decidiu que sua missão seria transmitir suas descobertas espirituais àqueles que desejassem ouvi-lo.

Com o tempo, já mais maduro, começou uma jornada por cidades e vilarejos. Sempre que chegava a um novo lugar, sua fama o precedia. Crianças, jovens, adultos e velhos corriam para ouvir seus ensinamentos.

Certo dia, enquanto reunia uma pequena multidão atenta às suas palavras, um homem bêbado surgiu do nada e interrompeu a conversa.

– Você é sábio mesmo?

A plateia murmurou, indignada com a ousadia do estranho. Mas o sábio permaneceu sereno. A pergunta era legítima.

– Eu sei que nada sei – respondeu, repetindo a famosa frase do sábio dos sábios, Sócrates.

– Bom, então vou embora – retrucou o bêbado.

– Não vá. O que você quer saber de mim?

– Perdi meu burro. Se você sabe tudo, poderia me dizer onde posso encontrá-lo?

O povo ficou furioso com o homem e quis expulsá-lo, mas o sábio os impediu.

– Fique conosco. Eu encontrarei seu burro.

As pessoas estavam confusas. O mestre então fez uma pergunta ao público:

– Há alguém aqui que nunca amou em sua vida?

O silêncio tomou conta das pessoas. Depois de alguns instantes, um velho quis impressionar o sábio:

– Eu nunca amei. Meu foco sempre foi o autoconhecimento, a busca pela verdade, pela iluminação. O amor distrai a mente e o coração.

O sábio olhou para o bêbado e disse:

– Encontrei o seu burro. Pode levá-lo.

Todos riram e entenderam a metáfora. Inclusive o velho, que confessou ter mentido apenas para se gabar com o mestre.

O próprio sábio refletiu sobre o ocorrido e decidiu que, a partir daquele dia, dedicaria o resto de sua vida ao seu amor pela verdade, mas para isso precisaria conhecer terras e reinos mais distantes.

Após muitos anos de peregrinação, já em sua velhice, o sábio chegou a um reino do outro lado do mundo. Continuava aprendendo e compartilhando conhecimento, e havia atingido um estado de profunda paz espiritual. Com a idade avançada, descobrira o prazer de sorrir e assobiar.

Certo dia, o rei daquela terra, também um buscador da verdade, ordenou a seu conselheiro:

— Quero que encontre e me traga o homem mais feliz do meu reino!

A busca começou. Quando finalmente o encontraram, o sábio entrou no salão real sorrindo e assobiando.

— Então você é o homem mais feliz do meu reino? — perguntou o rei.

— Se é o que dizem, Majestade, quem sou eu para contradizer tal afirmação?

— Mas o que você tem que os outros não têm?

— Não sei sobre os outros, Majestade, mas tenho tudo de que necessito. Quando tenho sede, bebo água. Quando tenho fome, encontro comida. Quando tenho frio, há o sol. Quando tenho calor, há o lago. E, acima de tudo, Majestade, tenho o amor que me envolve em todos os meus atos e pensamentos.

O rei ficou fascinado. Aquele sorriso e aquelas palavras tocaram profundamente seu coração.

— Agora entendo por que dizem que você é o homem mais feliz do meu reino. Quero lhe dar um presente por esse aprendizado de hoje.

— Não há necessidade, Majestade.

— Isso é uma ofensa! — disse o rei, um pouco irritado.

O sábio se calou e, pouco depois, recebeu um pequeno saco. Ao abri-lo, viu uma boa quantidade de moedas de ouro. Agradeceu e partiu. Mas, no dia seguinte, pediu uma audiência urgente no castelo.

– Você aqui de novo, meu bom velho? – disse o rei, surpreso.

O sábio parecia inquieto.

– Majestade, por favor, não me leve a mal, mas vou devolver o saco com moedas de ouro.

– Posso saber por quê?

– Desde que recebi esse ouro, minha mente começou a ter uma única preocupação.

– Qual?

– A de que poderia ser roubado e ficar sem nada.

O rei ficou em silêncio, aceitou o saco de volta e observou o sábio ir embora sorrindo e assobiando. Ele havia voltado a ser o homem mais feliz do reino.

A felicidade pode estar atrás de você. Se parar de correr, talvez ela consiga te alcançar.

Capítulo 7

Sabedoria, virtude rara

As cores murcham, os palácios caem, os impérios se desintegram. Só as palavras sábias permanecem.
Edward Thorndike, psicólogo norte-americano

Você já conheceu alguma pessoa verdadeiramente sábia? Conheci apenas duas em mais de meio século de vida. Uma delas encontrei uma única vez e senti com todo o meu ser que estava diante de alguém especial, um sábio que falou pouco, mas tocou fundo na minha alma. Eu tinha 19 anos e estava em Jerusalém, participando de um grupo de jovens em um curso de liderança comunitária. Entre aulas e palestras, fazíamos passeios pelo país. Em um desses dias, nosso monitor avisou que iríamos conhecer um rabino muito especial.

Andando pelas ruelas daquela cidade milenar, que exala religiosidade e história em cada pedra que vemos e tocamos, fomos conduzidos até uma casa simples. Jovens reunidos em grupo significa bagunça na certa, e demorou um pouco para nos acalmarmos. Esperamos com toda a paciência sentados em bancos até chegar o momento do encontro individual com o rabino. O curioso é que meus amigos entravam e saíam em silêncio, visivelmente reflexivos. Jovens calados e pensativos é quase uma contradição em si.

Enfim, chegou minha vez. Entrei e me sentei diante de um homem pequeno, e olha que não sou nenhum gigante. Ele devia ter mais de 80 anos e tinha olhinhos azuis penetrantes que logo encontraram os meus. Naquele momento, me senti completamente nu, uma nudez da alma. Ele parecia conhecer tudo sobre mim, embora não tivéssemos trocado uma única palavra. Disse-me então algumas poucas palavras em hebraico que entendi direitinho, e fiquei parado alguns segundos pensando nelas. O primeiro sábio que conheci na vida pediu-me que nunca revelasse essas palavras a ninguém, e assim o cumpri e continuarei a cumprir. Em seguida, levantou-se, beijou-me na testa como se fosse uma bênção. Então saí da sala, também em silêncio, pensativo e profundamente tocado.

O segundo sábio que tive o privilégio de conhecer e com quem convivi durante décadas foi meu sogro. (Preste atenção: às vezes os sábios não estão em Jerusalém, mas muito mais próximos do que você imagina.) Ele possuía uma capacidade incomum de compreender o mundo interior das pessoas. Até o fim de seus dias, dezenas, talvez centenas de pessoas o procuraram em busca de conselhos e palavras transformadoras. Em nossa casa, sentimos muito sua falta. Minhas filhas, suas netas, sabiam que ali estava alguém que não dava respostas prontas, mas fazia pensar, questionar, refletir e se esforçava ao máximo para praticar aquilo que ensinava. Um sábio verdadeiro precisa ser um exemplo vivo daquilo que fala. Ele foi, com certeza, esse grande modelo.

Lembrei-me agora de uma história sobre uma mãe desesperada com a compulsão do filho por açúcar (eu entendo bem esse filho!) e que não sabia mais o que fazer para que ele parasse de comer doces. Uma amiga sugeriu-lhe então que procurasse Gandhi, que certamente poderia ajudá-la. A mãe entrou em uma fila enorme para falar com Bapu ("pai" em hindi), como ele era carinhosamente chamado pelo povo. Ao chegar sua vez diante do Mahatma ("grande alma"), ela explicou a compulsão do filho. Gandhi pediu que voltasse em uma semana. Ela retornou na semana seguinte, esperou horas na fila e mais uma vez ouviu: "Volte daqui a uma semana".

Na quarta semana, já cansada e desanimada, a mulher retornou. Dessa vez, Gandhi dirigiu-se diretamente ao filho dela e disse: "Sua mãe está muito preocupada. Por favor, pare de comer doces em excesso". Indignada com a demora, a mãe perguntou por que ele não fizera isso no primeiro encontro. Gandhi respondeu que não poderia aconselhar o garoto antes de ele mesmo parar de comer doces. Durante aquelas quatro semanas, o próprio Gandhi havia tentado e por fim conseguido abandonar o açúcar. Só então estava apto a pedir algo que ele mesmo já praticava.

Torço para você encontrar pessoas sábias em sua jornada. E, se não encontrar, não desista. A sabedoria também está contida nas palavras que essas pessoas deixaram para a posteridade, e o livro que você está lendo agora faz parte desta corrente inquebrantável das mensagens que foram deixadas para nós. Sejamos, então, inspirados por elas.

A colheita da sabedoria

A história a seguir tem muitas versões espalhadas por diferentes localidades e religiões, e existe até uma versão datada do século IX. Isso só comprova a qualidade de sua mensagem e seu poder de durabilidade.

Um agricultor e sua esposa viveram toda uma vida dedicada ao trabalho e aos três filhos. O casal prosperou, e sua pequena terra foi crescendo até se tornar uma produtiva fazenda. Acontece que, como diz um famoso provérbio espanhol: *Cría cuervos y te sacarán los ojos* – crie corvos e eles lhe arrancarão os olhos. Os três filhos tornaram-se mimados, preguiçosos e desejavam apenas o resultado do trabalho alheio.

Após a morte da matriarca, os filhos rapidamente gastaram a herança deixada pela mãe e aguardavam ansiosos a oportunidade de colocar as mãos na fortuna do pai. E esse dia não demorou a chegar. No leito de morte, o pai chamou os três filhos.

– Meus amados filhos, meu tempo na Terra está acabando. Sei que cometi muitos erros na criação de vocês, mas tentarei consertar isso com a herança que vou lhes deixar.

Os três filhos, ao ouvirem a palavra "herança", entreolharam-se, apenas esperando as últimas palavras do pai.

– A última colheita da fazenda terminou, e o dinheiro da venda dos frutos da nossa terra foi depositado na conta dos empregados que nos ajudaram todos esses anos.

– Como assim, pai? – indagou irritado o filho mais velho.

O pai, com dificuldade para respirar, continuou:

– Já dispensei todos de suas funções, e esse dinheiro é direito deles.

– Mas e o nosso dinheiro, pai? – perguntou o filho do meio.

– Vou deixar para vocês um tesouro incalculável.

– Em dinheiro, pai? – questionou o caçula.

– O tesouro está enterrado no meio da fazenda. Vocês terão que cavar para encontrá-lo.

Foram as últimas palavras do pai. Os filhos ficaram tristes com sua morte, mas logo se recuperaram. Pegaram suas pás mais resistentes e começaram a cavar buracos por toda a fazenda. Tinham certeza de que encontrariam um baú repleto de ouro.

Depois de uma semana árdua de busca, não encontraram nada. Então o caçula olhou para os irmãos e disse:

– Vejam a quantidade de buracos que fizemos. Vamos aproveitar e semear a terra. Papai mandou todos os empregados embora, então cabe a nós.

Os outros pensaram por um instante e concordaram. Os buracos já estavam lá mesmo... Nos dias seguintes, eles semearam e cuidaram da terra. Enquanto faziam isso, ainda planejavam cavar em outras partes da fazenda.

Quando a terra respondeu ao trabalho deles com uma safra de grãos de alta qualidade, os irmãos colheram e venderam o produto, obtendo um bom dinheiro. Mas o sonho e a cobiça pelo tesouro do pai ainda rondavam sua mente.

Nos dois anos seguintes, continuaram cavando, sempre sem encontrar nada, e ao mesmo tempo semeando a terra remexida pelas pás e enxadas. Sem perceber, foram se acostumando com aquela rotina, entendendo cada vez mais a dinâmica da terra, das estações e dos preços dos grãos.

Certo dia, os três estavam sentados na varanda da casa da fazenda, cansados, mas felizes por mais um dia produtivo de trabalho. De repente, o caçula saltou da cadeira, assustando os outros, e exclamou:

– Encontramos o tesouro do papai!

Os outros irmãos ficaram confusos. Já tinham até se esquecido daquela história de tesouro enterrado.

– Do que você está falando? – perguntou o mais velho.

O caçula começou a chorar, lembrando-se do quanto ele e os irmãos tinham sido ingratos e cobiçosos em relação aos pais.

– Papai nos deixou o maior tesouro de todos. Ele nos ensinou a importância do trabalho. Mostrou que a riqueza que nasce do nosso esforço vale muito mais do que aquela que nos é dada de mão beijada.

Os outros irmãos sentiram-se como se tivessem sido atingidos por um raio. Foi um despertar para a vida! As lágrimas de culpa e arrependimento que escorreram pelo rosto de cada um poderiam regar uma plantação inteira. Juraram, a partir daquele dia, honrar o nome dos pais e seus ensinamentos. E assim o fizeram.

A maior herança que podemos deixar às próximas gerações é o aprendizado de semear e colher seu próprio sustento.

Quando a verdade enforca o rei

No capítulo anterior, dissemos que o tema da felicidade nunca saiu de moda. Há milhares de anos está na boca do povo, dos filósofos e até mesmo inscrito em constituições de países. Um exemplo marcante é a Constituição dos Estados Unidos, que, embora redigida há mais de duzentos anos, ainda hoje afirma que todos os homens possuem direitos inalienáveis, entre eles a vida, a liberdade e a busca da felicidade.

O tema desta história também nunca saiu de moda. Milhares, quiçá milhões, de páginas já foram escritas sobre a verdade. Como ela nasce? Do que se alimenta? Como se reproduz? Brincadeiras à parte, pensadores de diversas áreas se debruçam até hoje sobre esse conceito, tentando compreendê-lo, encaixá-lo em uma visão particular ou universal.

Minha mente briga com esse conceito há anos. Parece algo simples, mas posso garantir que não é. Immanuel Kant, um dos mais importantes filósofos de todos os tempos, tinha uma clareza solar sobre a verdade: ela deve sempre vir em primeiro lugar. Kant era totalmente contra a mentira, sem exceções. Para ele, mentir era sempre errado do ponto de vista moral, não importavam as circunstâncias. Você concorda com Kant?

Eu, humildemente, discordo. O próprio Kant dá um exemplo que expõe sua extrema rigidez conceitual sobre a verdade. Ele escreveu que, mesmo se um assassino batesse à porta da sua casa perguntando se um amigo seu está escondido ali, você não deveria mentir para protegê-lo, pois isso violaria o dever moral de sempre dizer a verdade. Ora, é óbvio que eu não entregaria meu amigo. Então isso faz de mim, segundo Kant, um mentiroso? Como disse, o tema é mais complexo do que imaginamos, e há uma vastidão de livros dedicados ao tema da verdade. E, para comprovar essa complexidade antiga, lá vem uma história.

Em Alexandria, no Egito, havia um rei completamente apaixonado por filosofia. Ele enviava espiões aos recônditos da Terra para descobrir novos pensadores, copiar seus textos e anotar seus ensinamentos orais.

Assim que os navios aportavam em Alexandria, os soldados de Sadiq, o rei, seguiam um protocolo rigoroso: vasculhavam todas as bagagens dos viajantes e tripulantes. Se encontrassem livros filosóficos, confiscavam-nos, copiavam seu conteúdo e depois os devolviam.

O conceito de verdade era o que mais fascinava Sadiq. Após leituras infindáveis e debates com filósofos locais e estrangeiros, ele chegou à conclusão de que a verdade era o bem supremo da humanidade. Obcecado pela ideia, o rei editou um decreto: "Aquele que, em meu reino, se atrever a não falar a verdade absoluta será enforcado em praça pública".

O povo entrou em polvorosa. O pânico se espalhou por todo o reino. Todos tinham certeza de que, em breve, a praça estaria repleta de corpos pendurados pelo pescoço.

O único cidadão que permanecia tranquilo era um asceta que muitos consideravam louco, mas que, para olhos e

corações atentos, era um grande sábio. Seu nome era Bashir.
Ao perceber o medo que assolava a população, Bashir decidiu
pedir uma audiência com Sadiq. O rei, que respeitava os
buscadores da verdade, o recebeu de bom grado. Mas, antes
que o soberano dissesse uma única palavra, Bashir declarou:

– Majestade, li o seu decreto e hoje mesmo serei enforcado em praça pública.

O rei ficou perplexo. Observou o asceta sair do salão
real às gargalhadas e, de repente, uma nuvem de dúvida o
envolveu.

Se enforcasse o asceta, estaria punindo alguém que
disse uma verdade absoluta. Mas, se não o enforcasse, estaria deixando um mentiroso escapar impune, violando seu
próprio decreto.

Atordoado, Sadiq chamou um conselheiro e, rispida-
mente, ordenou:

– Cancelem o decreto imediatamente!

*O sábio não impõe verdades absolutas,
mas planta dúvidas que libertam.*

O mestre e os cinco poços

Comentei no início do nosso capítulo que um dos sábios que cruzaram a minha vida foi o meu sogro. Nos últimos meses de vida, ele passou uma pequena temporada em casa depois de uma cirurgia e foi acolhido com muito amor por todos. Ele dormiu no quarto da minha filha caçula, o furacão aqui de casa.

Um dia, ele me pediu ajuda para imprimir algo que queria deixar no quarto dela antes de voltar para sua casa. Foram várias páginas que ele recortou, colou e pendurou: "Pense devagar; decisões rápidas são veneno para mim". O cartaz ficou pendurado por mais de um ano no quarto dela e, além de ajudar minha filha, inspirou todos os que batiam os olhos nessas sábias palavras. E, é claro, você já deve imaginar que conheço uma história antiquíssima que vai ao encontro dessa mensagem. Vamos a ela.

Em um monastério remoto, um mestre tentava ensinar seus jovens aprendizes sobre os fundamentos da sabedoria. Mas palavras apenas não estavam surtindo efeito, ele precisava de exemplos práticos. Certo fim de tarde, ele reuniu todos os alunos e disse:

– Preciso de cinco voluntários para um experimento. E já aviso: pode ser perigoso.

Em vez de assustá-los, o perigo atiçou o interesse dos jovens para o tal experimento. Muitas mãos se ergueram, e o mestre escolheu cinco alunos.

– Venham comigo. Os demais devem permanecer aqui no salão até minha volta.

O mestre saiu com os voluntários e demorou bastante para retornar. Assim que voltou, dirigiu-se aos demais alunos:

– Agora, vamos jantar e depois nos recolher. Amanhã, ao nascer do sol, quero todos reunidos aqui.

A curiosidade tomou conta do grupo, mas ninguém ousou perguntar nada. Na manhã seguinte, ao raiar do sol, todos aguardavam ansiosos.

– Venham comigo – disse o mestre.

Os alunos o seguiram até uma clareira, onde havia cinco poços grandes e profundos. Cada um deles continha um engenhoso mecanismo de espelhos, permitindo observar o que se passava dentro sem ser visto.

– Prestem atenção – disse o mestre.

O grupo ficou em silêncio.

– Ontem, trouxe os cinco voluntários até estes poços e expliquei o desafio: cada um deveria passar a noite inteira dentro de um deles, todos repletos de cobras.

Um burburinho começou a se espalhar entre os alunos.

– Silêncio! – ordenou o mestre. – Quero deixar claro que ninguém foi obrigado a entrar. Cada um teve a liberdade de aceitar ou recusar o desafio.

– Todos entraram? – perguntou um aluno.

– Sim. Agora, vamos ver como estão.

Os jovens correram para espiar o primeiro poço.

Lá dentro, apenas cobras rastejavam pelo espaço vazio. O voluntário havia desaparecido. No segundo poço, ficaram estarrecidos: o corpo de um dos colegas jazia sem vida, enquanto as cobras se moviam tranquilamente ao redor. No terceiro, um jovem encostado na parede observava as serpentes mortas à sua frente. No quarto, o voluntário dormia tranquilamente ao lado de uma pequena fogueira e as cobras estavam enroladas no canto oposto ao jovem. Por fim, no quinto poço, viram algo impressionante: o jovem estava em profunda meditação, sentado em posição de lótus. As cobras passeavam sobre seu corpo, e ele parecia completamente sereno.

O mestre reuniu todos e perguntou:

– Quem vocês acham que venceu o desafio?

Os alunos discutiram rapidamente e escolheram um porta-voz.

– Mestre, acreditamos que o primeiro voluntário, ao ver as cobras, entrou em pânico, conseguiu escalar as paredes e fugiu. Talvez tenha sentido vergonha de voltar ao monastério e decidiu partir para sua cidade natal.

– E o segundo poço?

– Infelizmente, nosso colega foi picado pelas cobras e morreu. Já no terceiro, aconteceu o oposto: ele matou todas elas.

– E os outros dois?

– O quarto voluntário foi muito esperto. Acendeu uma fogueira e dormiu em segurança. Mas o verdadeiro vencedor foi o quinto! Ele usou toda a sua força interior e sabedoria para entrar em meditação profunda, tornando-se imune a qualquer ameaça externa.

– Então, o vencedor é o jovem do quinto poço?

Os alunos responderam afirmativamente. O mestre os observou por alguns instantes e disse:

– Vocês estão enganados. Todos os quatro voluntários que permaneceram chegaram a conclusões precipitadas. Apenas um soube avaliar com calma a situação antes de agir. Os alunos se entreolharam, confusos.

– O que ninguém parou para avaliar, e bastava observar atentamente, é que as cobras não eram venenosas. Era só olhar o formato da cabeça, os olhos e as pupilas, as escamas e a coloração.

Um dos alunos correu até um dos poços, analisou cuidadosamente as serpentes e voltou esbaforido:

– Mestre, é verdade, são cobras inofensivas! Como não percebemos isso antes?

O mestre assentiu.

– Exatamente. O primeiro voluntário fugiu em pânico, acreditando que as cobras o matariam. O segundo morreu literalmente de medo de algo que, no fim, não representava perigo. O terceiro matou sem motivo criaturas que não lhe fariam mal. O quinto desperdiçou sua energia tentando ignorar uma ameaça que nunca existiu.

– Então o vencedor foi o do quarto poço?

– Sim. Ele acalmou a mente, analisou a situação e percebeu que os animais não eram venenosos. Depois fez uma fogueira para se aquecer e dormiu tranquilamente.

Os alunos ficaram pensativos, absorvendo cada palavra.

– Agora, é hora de tirar seus colegas dos poços, encontrar aquele que fugiu e honrar aquele que infelizmente morreu.

E assim o fizeram.

*Pense devagar, decisões rápidas
são veneno para mim.*

Livraria Seborreia

Estou na estrada das histórias há mais de três décadas. A próxima que escolhi recontar é daquelas que reafirma o poder das narrativas em espelhar a natureza humana e sempre me faz refletir, não importa a versão com que me depare. Aqui está a minha.

Desde criança, Sofia passava horas circulando pela livraria dos pais. Amava o cheiro dos livros, a chegada das caixas com novidades, os clientes antigos e novos. A cada ano, seus pais, com muito esforço, faziam melhorias na loja. Conseguiram instalar um café para os clientes, criar um canto aconchegante para os livros infantis e modernizar a mobília.

O sustento da família vinha da livraria. O lucro não era grande, mas suficiente para pagar as contas e, vez ou outra, realizar pequenas e prazerosas viagens em família. Além disso, viver entre livros era uma alegria para o pai, a mãe e Sofia. A menina cresceu cercada de amor e de muitos amigos, tanto os de carne e osso quanto os que viviam nas páginas das histórias.

Mas, com o tempo, o avanço das novas tecnologias roubou a atenção dos leitores. A livraria começou a perder clientes. Era o início de um período difícil para a Livraria Sabedoria, o lugar que Sofia mais amava.

Ela cresceu, fez universidade fora do país, voltou à sua cidade e começou a trabalhar na área de sua formação. Os pais, já idosos, seguiam firmes na luta para manter a livraria aberta. Sofia ajudava como podia, fisicamente na loja e, quando sobrava algum dinheiro, quitando algumas dívidas.

– Mãe, vocês precisam vender a livraria – dizia Sofia, preocupada. Mas os pais sempre respondiam que aquele lugar não era apenas uma loja, e sim um sonho de uma vida inteira.

O tempo passou e, infelizmente, os pais de Sofia faleceram com poucos dias de diferença. A dor foi imensa. Enquanto vivia seu luto, herdou a livraria e começou a avaliar sua situação financeira. Era muito pior do que imaginava. Após meses, decidiu colocar a livraria à venda. Mas a ideia a atormentava. Desfazer-se daquele espaço era como deixar os pais morrerem uma segunda vez.

Um dia, enquanto tomava café na livraria e folheava um livro que parecia muito interessante, chamado *Histórias para guiar a sua jornada*, Sofia avistou uma cliente antiga sentada num canto. Dinah a viu e se aproximou.

– Sofia, minha querida. Sinto muito pelos seus pais. Fiquei sabendo que vai vender a livraria.

– Obrigada, Dinah. Você foi uma grande amiga. Eles sempre me diziam que era uma excelente conselheira e os ajudou muito.

A senhora de cabelos platinados sorriu, emocionada.

– Seria uma grande perda não poder mais entrar aqui. Tem certeza sobre a venda?

– Sim. Os clientes diminuíram e a concorrência com a tecnologia é desigual.

Dinah ficou pensativa. De repente, como se despertasse de um sonho, disse:

– Vou te propor algo completamente maluco. Mas, já que decidiu vender, não tem nada a perder.

– Pode falar – respondeu Sofia, curiosa.

– Troque o letreiro da frente da loja para LIVRARIA SEBORREIA.

Sofia achou que tinha ouvido errado.

– O quê?

– Isso mesmo. Troque o nome para LIVRARIA SEBORREIA.

Sofia riu. Aquilo só podia ser uma piada. Mas Dinah continuou séria.

– Faça isso e depois conversamos.

Sofia refletiu. Achava aquilo absurdo. Imaginou seus pais gargalhando com a ideia sem pé nem cabeça. Mas eles sempre ouviram e confiaram em Dinah, então tomou a decisão. No dia seguinte, o novo letreiro foi instalado e, para sua surpresa, algo inesperado aconteceu.

Logo cedo, um casal de jovens entrou na loja e se aproximou de Sofia:

– Bom dia! Achamos que alguém cometeu um erro no letreiro.

– Obrigada por avisar – respondeu Sofia, disfarçando.

Antes de irem embora, os jovens olharam a loja, o café, e decidiram ficar um pouco. No final, compraram alguns livros.

A cena se repetiu dia após dia:

– Oi, acho que erraram a grafia do letreiro!

– Aqui vende livros ou remédio para o couro cabeludo?

– Quem escolheu esse nome deve ter caspa!

E, assim, novos clientes começaram a entrar sem parar. A livraria ganhou fama nas redes sociais, e todos queriam conhecer a tal LIVRARIA SEBORREIA. Com os lucros aumentando, Sofia desistiu da venda e a primeira pessoa que soube disso foi Dinah.

As duas estavam sentadas no café, cercadas pelo burburinho dos clientes. Quase não havia lugar, a livraria estava lotada.

– Dinah, obrigada por tudo! Mas me diga: como você sabia que isso iria acontecer? Que tantas pessoas entrariam na loja?

A sábia senhora de cabelos platinados sorriu e respondeu:

Não há nada no mundo que as pessoas gostem mais do que apontar os erros dos outros.

Em que você está pensando?

Você já viveu a seguinte situação? Está em uma reunião de trabalho, o chefe fala sem parar, e todos ao redor olham atentos para ele, com expressões compenetradas. Alguns balançam a cabeça afirmativamente, concordando com cada palavra. Você, por reflexo, também mexe a cabeça de forma assertiva, mas, na verdade, não está ouvindo nada do que está sendo dito. Sua mente está longe, pensando nas contas que precisam ser pagas, na viagem para a praia no fim de semana, fantasiando sobre mil coisas... enquanto isso, seu corpo e seus olhos transmitem ao chefe a ilusão de que ele está dando um verdadeiro show.

Chefes, desculpem contar isso, mas os pensamentos de seus funcionários muitas vezes estão mais distantes do que vocês podem imaginar. E isso não acontece apenas no trabalho, mas também em conversas entre amigos, casais etc.

Entretanto, pode acontecer exatamente o oposto: podemos estar fisicamente longe de uma situação, mas com a atenção mais próxima do que as pessoas imaginam.

Certa vez, eu e minha esposa estávamos conversando

na sala de jantar, conversa de adultos. Nossa filha pequena brincava a uma certa distância, aparentemente entretida com suas bonecas. De repente, uma das bonecas escorregou de sua mão e bateu no chão de madeira fazendo barulho e na sequência ela soltou um: "Que merda!".

Eu e a minha esposa paramos imediatamente de falar e olhamos para a pequena de 3 anos. Perguntei: "Onde você aprendeu isso, filha?". Ela olhou para mim e respondeu: "Papai, com você". Olhei para minha esposa e, naquele instante, nos demos conta de que, durante nossa conversa, eu havia dito algumas vezes "Que merda". Acreditando que a atenção total dela estivesse nas bonecas, falávamos sem preocupação nenhuma. Vivendo e aprendendo.

Uma antiga história de sabedoria dialoga bem com esse tema. Vamos a ela.

Dois jovens amigos decidiram dedicar a vida ao mundo espiritual, desapegando-se dos desejos carnais que consumiam suas energias e buscando o autoconhecimento. Para iniciar essa jornada, resolveram ir até uma cidade vizinha, onde havia um dos mais importantes monastérios da região. Lá esperavam encontrar um mestre que os guiasse.

Prepararam seus bornais com poucas roupas e mantimentos e partiram. Ao chegarem, ficaram maravilhados: era a primeira vez que estavam tão longe de casa, em uma cidade grande e vibrante. As cores das frutas, temperos e tecidos enchiam seus olhos, os cheiros e sons envolviam todos os seus sentidos.

Fugindo das distrações, seguiram em frente, rumo ao monastério, uma construção esplendorosa que todos na cidade conheciam. Próximos à entrada, um dos jovens notou um pequeno edifício do outro lado da rua. Na porta, uma linda jovem convidava os homens a entrar. Era um bordel.

O jovem que notou o lugar disse:

– Amigo, antes de irmos ao monastério, vamos nos despedir de nossa antiga vida e entrar nesse lugar.

O outro jovem ficou revoltado.

– O quê? Viemos aqui para lutar contra nossos desejos e você quer entrar num bordel?

O primeiro, estudioso de várias religiões, respondeu:

– Você se lembra de quando contei que estava lendo as *Confissões*, de Santo Agostinho?

– Sim, mas o que Agostinho tem a ver com isso?

– Ele também lutou para abandonar os prazeres mundanos, mas disse: "Concede-me, Senhor, a castidade e a continência, mas não ainda".

– Então é isso. Pode ir para o seu bordel! Eu vou entrar no monastério.

Separaram-se.

Ao entrar no bordel, o jovem ficou simplesmente extasiado. Parecia o paraíso! Ele bebeu como nunca na vida, dançou e se deitou com mulheres belíssimas.

Enquanto isso, seu amigo entrava no monastério. O cheiro de incenso envolvia o ambiente, mantras delicados e potentes ecoavam nas paredes do local. Parecia o paraíso! Ele então viu um grupo de pessoas sentadas na frente de um homem idoso, com certeza um grande mestre. E lá foi sentar-se para absorver a sabedoria daquele homem e começar a sua jornada espiritual.

No bordel, seu amigo estava ficando angustiado. Após tanta bebida e tantos prazeres, ele paralisou. Olhou ao redor e os pensamentos começaram a apoderar-se dele: "O que estou fazendo aqui? Quanto tempo desperdiçado! Deveria estar no monastério com o meu amigo, lutando para combater meus desejos e tentando mergulhar no meu próprio ser!".

No monastério, o outro jovem estava diante de um dos mestres mais prestigiados da região. Ele olhava fixamente para o sábio, mas sua mente estava inundada de pensamentos: "O que estou fazendo aqui? Quanto tempo desperdiçado! Deveria estar no bordel com o meu amigo, apreciando a vida e seus prazeres!".

Ambos saíram de onde estavam ao mesmo tempo e se encontraram entre o bordel e o monastério. Abraçaram-se e não disseram nada um ao outro, apenas começaram o caminho de volta para casa, sabendo que ainda não estavam prontos para uma jornada espiritual.

> *Algumas pessoas estão perto, mas distantes.*
> *Outras estão distantes, mas mais*
> *próximas do que imaginamos.*

Sem dobra

Saudade de descobrir a origem das palavras? Eu, sim! Então tratemos de uma que está umbilicalmente ligada à sabedoria: simplicidade. A palavra "simples" vem do latim clássico "*simplex*", que significa algo "sem dobras" ou "com uma dobra só"; "*plex*" é "dobra", portanto, em oposição, algo complexo é algo com muitas dobras. E explicar é a ação para retirar as dobras.

Encontrar a beleza e a sabedoria na simplicidade é algo complexo. Contraditória essa afirmação? Sim, o ato de reconhecer e retirar as dobras não é tarefa fácil.

Um dos meus filmes preferidos de todos os tempos e que aborda esse tema e muitos outros é *Dias perfeitos*, do diretor alemão Wim Wenders. A história acompanha a vida de um funcionário público japonês cujo trabalho é limpar banheiros públicos em Tóquio. O filme com certeza bebeu de muitas narrativas antigas como essas recontadas por aqui e conseguiu traduzi-las num dos filmes mais belos e profundos a que já assisti. A história a seguir é curta, aparentemente simples e um esquenta para quem quiser assistir à minha dica cinematográfica.

Um aluno chegou para o seu mestre e perguntou:

– Onde posso encontrar a verdade?

O mestre alisou a barba branca, olhou com doçura para o aluno e respondeu:

– Na vida cotidiana.

O aluno levou um susto com a resposta e falou:

– Mestre, na minha vida cotidiana eu não reconheço verdade nenhuma!

Um pequeno sorriso se abriu no rosto do mestre, ele se aproximou do aluno e concluiu:

– Eis a grande diferença, meu querido aluno. Alguns reconhecem a verdade no cotidiano e outros não.

> *Não se iluda: a simplicidade*
> *é fruto de muito trabalho.*

O começo do fim

Chegamos ao final deste livro. E preciso confessar que estou demorando mais para escrever esta última parte. Sabe quando você está adorando um livro ou uma série e não quer que acabe? Então começa a lê-lo mais devagar ou tenta se segurar ao máximo para não maratonar tudo de uma vez? Pois é, isso também pode acontecer com escritores.

Está sendo tão bom este mergulho profundo para resgatar histórias que estavam adormecidas dentro de mim que já estou com saudade dos sonhos noturnos que me deram muitos insights, das pilhas de livros, dicionários etimológicos e mitológicos, e dos papéis espalhados por todos os cantos do escritório; de dar uma pausa na escrita, sair para uma caminhada e, junto das passadas, mais lembranças e ideias virem à tona. Amo esse processo! E é por isso tudo que estou demorando mais do que o habitual para contar a última história deste livro.

Também estou em dúvida sobre como encerrar nossa jornada. Claro, podemos ter outras; isso dependerá de você fazer muita propaganda do livro e, consequentemente, ele ter boas vendas, levando a editora a me pedir uma nova coletânea de narrativas. Mas juro de pés juntos...

Você não acha inusitada essa expressão? E não é a primeira vez que a uso. Já estou divagando. Bom, você já sabe que sou um curioso nato. Dizem alguns que a expressão "jurar de pés juntos" nasceu na época da Inquisição Católica, quando uma das torturas praticadas envolvia amarrar os pés e as mãos dos acusados para forçar confissões. Com o passar do tempo, a expressão começou a significar jurar com convicção. Então, juro com convicção, sem pés amarrados, que faço livros, todos eles, pensando em primeiro lugar na narrativa! Evidentemente que é muito bom ter boas vendas, mas para mim isso sempre foi uma consequência de um trabalho realizado e não um fim em si mesmo.

O que posso garantir é que vivi intensamente cada história contada aqui. Sofri ao relatar alguns episódios, tive acessos de riso ao lembrar de fatos relacionados a outros, fiquei inseguro ao ter de escolher uma história entre centenas para compartilhar com você. Pode ter certeza de que fiz o meu melhor e, se pelo menos uma história tocou fundo em seu coração e mente, todo o trabalho terá valido a pena. Vamos então ao nosso *gran finale*.

Esta história me foi contada há mais de vinte anos por um colega que me viu na coxia de um teatro, morrendo de medo de me apresentar para setecentas pessoas. Antes de ouvi-la eu estava a ponto de desistir de entrar no palco.

Quem já teve a experiência de patinar no gelo sabe o quanto pode ser difícil para pessoas que não nasceram em regiões frias, em que essa prática é comum desde a infância.

Em uma cidade gelada do hemisfério norte, duas crianças que eram vizinhas e se conheciam desde bebês aguardavam ansiosamente que a água do lago começasse a congelar. Assim como muitas crianças brasileiras só pensam em largar tudo, pegar uma bola e sair jogando futebol com os amigos, esses dois só pensavam no lago congelado, nos patins, nos tacos de hóquei e no disco, que seria o equivalente deles à bola de futebol.

Finalmente, quando o lago congelou, a diversão começou! Foram semanas patinando e brincando, às vezes os dois sozinhos, às vezes com outras crianças. No final do inverno, já pressentindo que a patinação no lago estava com os dias contados, um dos meninos bateu na porta do vizinho.

– Já está com os patins?

– Claro!

Os dois pegaram seus tacos e o disco e saíram em disparada. O lago era grande, mas o fôlego de ambos também!

Quando estavam no meio do lago, um deles se desequilibrou e caiu com o taco e o disco no gelo. De repente, ouviu-se um pequeno estrondo: o gelo rachou e um pequeno buraco se abriu. Ao ver o disco deslizando buraco abaixo, o menino que tinha caído se esticou todo para tentar pegá-lo, mas não conseguiu. Com o movimento que fez, a rachadura se expandiu bruscamente e o menino caiu dentro da água!

Seu amigo, vendo a cena, entrou em desespero e tentou puxá-lo para fora da água congelante, mas não conseguiu! Para piorar a situação, o frio começou a desorientar a criança na água, que não parava de se debater e se afastar do buraco por onde tinha caído.

O amigo então começou a bater com o taco no gelo; ele precisava ampliar o buraco para salvar seu colega. Não estava dando certo. Então, teve a intuição de correr para pegar algo pesado para abrir mais o buraco. Patinou mais rápido do que nunca em sua vida, chegou à margem do lago e viu uma enorme pedra. Era isso! Com dificuldade, carregou-a até o meio do lago, levantou-a o mais alto que pôde e a soltou.

A pedra fez com que o buraco inicial ficasse bem maior, e dessa forma, com o corpo encostado na água e o taco esticado ao máximo, ele conseguiu resgatar o amigo. Tudo parecia ter demorado uma eternidade, mas na verdade foi muito rápido.

O menino estava lívido, tremia de frio, mas estava vivo. O colega o abraçou, tentando aquecê-lo ao máximo. Aquilo era um milagre!

Mas ainda havia o perigo de a criança morrer de hipotermia; por isso, seu amigo começou a gritar o mais alto que pôde, chamando a atenção de outras pessoas que estavam distantes. Deu certo! Os bombeiros chegaram, o menino foi atendido e medicado. Ele ficaria bem.

Um comandante dos bombeiros precisava saber exatamente o que havia acontecido; isso fazia parte do protocolo da corporação. O menino então começou a contar o que tinha ocorrido.

O comandante pediu para ir com ele até o local do acontecimento, agora com muita segurança e supervisão. Quando chegaram ao local do buraco, ele contou todo o ocorrido. O bombeiro olhou para o fundo do lago, que era cristalino, e disse:

— Você está me dizendo que pegou aquela pedra que agora vejo no fundo do lago, a trouxe da margem, levantou-a e a deixou cair para quebrar o gelo?

— Sim, senhor.

— Eu sei que você deve estar abalado com toda essa situação, mas é melhor contar a verdade.

— Eu juro, foi isso mesmo que aconteceu – disse o menino, triste pelo bombeiro não acreditar nele.

Os dois voltaram para terra firme, e o bombeiro comentou com seus companheiros:

— O menino me contou que salvou seu amigo pegando

uma pedra enorme na margem, levando-a até o centro do lago e deixando-a cair para abrir mais o buraco.

– E qual o problema, comandante? – perguntou um dos bombeiros mais experientes.

– Eu vi a pedra no fundo do lago. Seria impossível esse menino, desse tamanho, com aquelas mãos, carregar uma pedra tão grande, levantá-la e deixá-la cair bem no lugar certo.

– Eu acredito no menino, comandante – disse o bombeiro que o questionou.

– Por quê?

– Porque, enquanto o menino fazia tudo aquilo, não havia ninguém por perto para lhe dizer que ele não conseguiria fazê-lo.

O comandante ficou mudo por alguns segundos, virou-se, foi até o menino e disse:

– Desculpe por não acreditar em você. Você foi muito corajoso e salvou o seu amigo. Você foi um verdadeiro herói.

Você é mais forte do que imagina.

Agradecimentos

Queria agradecer a todos os contadores de histórias e escritores que passaram pela minha vida e ao amor da minha família, que me deu raízes e asas ao mesmo tempo para costurar tantas narrativas e compartilhá-las pelo mundo. E também não podia deixar de agradecer aos meus editores, que acolheram as minhas palavras e as fizeram ganhar vida.

Este livro foi composto com tipografia Adobe Garamond Pro e
impresso em papel Off-White 70 g/m² na Formato Artes Gráficas.